Herbert Kaefer

In die Tiefe steigen
Versöhnung erfahren

13 Wortgottesdienste
zu Buße und Versöhnung

Herder
Freiburg · Basel · Wien

Die kirchliche Druckerlaubnis ist erteilt:
Aachen, den 12.12.1991 – I 181/91.
Der Generalvikar: Collas

Satz: Barbara Herrmann, Freiburg
Belichtung: Johannes Schimann, Ingolstadt
Druck und Bindung: Freiburger Graphische Betriebe 1992
ISBN 3-451-22619-7

Inhalt

Zum Advent

Zur Fastenzeit

Vorwort

Bei Elternabenden nach der Kommunionvorbereitung habe ich gelegentlich Eltern gebeten, einfach einmal aufzuschreiben, was ihnen einfällt oder was sie empfinden, wenn sie folgende Worte hören: Beichte, Buße, Versöhnung. Nach jedem der Worte ließ ich ein paar Minuten Zeit.

Zum Stichwort „Beichte" schrieben viele Eltern: Sünde, Gewissen, Buße, Gebote, Beichtstuhl, Verzweiflung, Verschwiegenheit, o je!, was soll ich sagen?, muß das sein?, immer dieselben Sachen, Ablehnung, gezwungen, Angst, Unwohlsein, verschonen Sie meine Kinder damit!, Aufregung, Erleichterung (wenn es vorbei war), Quälerei, Unbehagen, Zwang, Kontrolle, krampfhaftes Suchen. Nur ganz selten stand da: Erleichterung, sich aussprechen, um Verzeihung bitten.

Beim Wort „Buße" fiel den Eltern ein: das sollst du büßen, Bußgeld, Geldbuße, Buß- und Bettag, Fegefeuer, fremdes Wort, (sich) bessern, sich anstrengen, in sich gehen, Last, nachdenken, Vorsätze fassen, etwas tun, was schwer fällt, wiedergutmachen, sich entschuldigen, Bußandacht.

Mit dem Begriff „Versöhnung" verbanden die Eltern: sich die Hand geben, es ist wieder gut, erleichtert sein, sich wieder verstehen, alles ist in Ordnung, das ist schön, Gemeinschaft, der Streit ist zu Ende, wieder zusammenfinden, sich vertragen, wieder miteinander reden, vergeben, Zufriedenheit, aufeinander zugehen, über den Schatten springen, Groll überwinden, Liebe, verzeihen, Frieden schließen, Freude, Erleichterung, nachgeben, Fehler zugeben, Friede aus dem Bauch, feiern, sich einigen, Befreiung, ein Stein fällt vom Herzen, Wärme, eine Last abwerfen, lächeln, Glücksgefühl, umarmen, Aussprache, nicht mehr nachtragen, leicht ums Herz, Mut, Schlußstrich, neu anfangen, ein kleines Fest, zentral im christlichen Leben.

Beim Hören habe ich verspürt, wieviel belastende Erfahrungen viele Eltern mit dem Wort und ihrer Erinnerung an Beichte empfinden; erst wenige kennen die Beichte als ein Sich-Aussprechen, als Entlastung. Dabei war die Sündenvergebung das Ostergeschenk Jesu!

Auch das Wort Buße weckt wenig erfreuliche Vorstellungen: Die Vorstellung, etwas büßen zu müssen, wird lieber weggeschoben.

Die alten Begriffe greifen also nicht mehr oder fassen nicht das, worum es geht. Und vielleicht liegt es nicht nur an den Begriffen.

Auch manchen Kirchgängern ist so etwas wie Schuldbewußtsein verloren gegangen. Schuldgefühle bearbeiten die Psychotherapeuten oder Selbsthilfegruppen – und das ist ja gut so.
Schuldzuweisungen gehen an Ehepartner, Eltern, Chef oder Kollegen und Mitarbeiter, an Ausländer oder an andere Sündenböcke. Aber das ist vielleicht doch zu einfach.
Man spricht vom Wertezerfall und vom Unschuldswahn – und dahinter stecken gewiß ernst zu nehmende Beobachtungen: Woran kann man sich heute noch orientieren? Was ist denn Sünde?
Dabei leiden so viele unter Ungerechtigkeiten, unter Beziehungen wie unter Beziehungslosigkeit und unter der Unfähigkeit, vergeben zu können.
Die Äußerungen zum Wort Versöhnung offenbaren meines Erachtens einen wirklichen Hunger nach dem, was Jesus uns schenken will. Versöhnung setzt das Eingeständnis von Fehlern voraus, aber es geht nicht ums Negative, sondern um die Freude des wiedergewonnenen Friedens und des Neuanfangs.
Die folgenden Versöhnungsfeiern wollen ein Stück Brot sein. Sie versuchen, die Lebenssituationen der Menschen und Fragen der Zeit aufzugreifen und im Licht der Botschaft Jesu zu sehen, sie wollen sensibilisieren, hinführen zum Eingeständnis eigener Begrenztheit und eigenen Versagens, sie wollen ermutigen zu Versöhnungsbereitschaft und Neubeginn.
Die Vorlagen sind zugegebenermaßen recht umfangreich. Die Gottesdienste dauerten in der Regel eine Stunde. Aber es steht den Benutzern des Buches ja frei zu kürzen. Ich habe allerdings die Erfahrung gemacht: ein paar mal im Jahr darf ein Gottesdienst ruhig etwas „anspruchsvoller" und länger sein. Allerdings ist dann der Wechsel von Zuhören, Singen, und Stille und unter Umständen Aktion oder Betrachtung wichtig. Ich gebe zu, daß die Vorbereitung der Gottesdienste manchmal einige Zeit und Mühe kostet. Ich meine aber, daß solcher Einsatz sich lohnt. Besonders wichtig finde ich, daß alle Sprecher und Sprecherinnen sich viel Zeit nehmen, um sich in ihre Texte zu vertiefen, und daß der Gottesdienst in großer Ruhe stattfindet.
Eine Verteilung von Sprecherrollen ist nicht angemerkt, weil die Zahl der Sprecher unterschiedlich sein kann. Vor dem Gottesdienst sollten die Abschnitte klar gekennzeichnet sein.
Manche Anregungen verdanke ich Kollegen oder Mitarbeiterinnen und Mitarbeitern. Auch für Anregungen aus dem Benutzerkreis bin ich dankbar.

Aachen, im Advent 1991 *Herbert Käfer*

Zum Advent

1 Warten

*Versöhnungsfeier im Advent**

Vorbereitungen: In der Kirche sind Schilder angebracht mit der Aufschrift „Wartesaal“ oder „Bitte Warten“; auch der Ton der Telefonauskunft („Bitte warten“) kann über Lautsprecher eingespielt werden. Priester und Lektoren sitzen schon ein paar Minuten vor Beginn auf ihren Plätzen und warten einige Minuten nach der angekündigten Uhrzeit.

Übersicht

Einführung
Begrüßung
Lied: Aus hartem Weh, GL 109

1. Teil: Erwartungen
Besinnung
Stille, dann Orgelspiel

2. Teil: Wie wir warten
Besinnung: warten voll Ungeduld
enttäuschte Erwartungen
freudige Erwartungen
Stille, dann Orgelspiel
Lied: O komm, o komm, Emmanuel

3. Teil: Nichts mehr erwarten
Besinnung: Erwartungen und Menschen aufgeben
Lesung aus dem 1. Buch der Könige (aus 1. Kö 19, 3-4))
Besinnung: frei von Erwartungen und Druck
Orgel

* Die Idee zu diesem Gottesdienst verdanke ich einem Mitarbeiterkreis der Pfarrei St. Gregorius, Aachen

4. Teil: Erwartungen anderer an uns
Eine Geschichte von S. Lenz
Besinnung
Orgel

5. Teil: Gott – erwartet
Besinnung: Gottes Erwartungen
Stille
Lied: Komm der Völker Heiland
Text: Gott wartet – Gott – erwartet?
Lied: Herr, send herab, GL 112

Schuldbekenntnis: GL 353, 4
Vergebungsbitte
Lied: Gloria sei dir gesungen, GL 110, 3
Entlassung
Lied: Wachet auf, GL 110, 1

Gottesdienst

Begrüßung und Einführung
Sie haben darauf gewartet, daß es endlich anfängt,
Sie haben darauf gewartet, daß ich anfange zu sprechen.
Aber ich habe Sie warten lassen.
Sie haben sich vielleicht geärgert, sind ungeduldig geworden,
haben gedacht: warum macht der nicht voran?
Wir warten nicht gern.
Warten in der Schlange vor den Kassen des Supermarktes,
warten im Wartezimmer des Arztes,
warten auf den Bus oder an der Ampel:
Da stehen oder sitzen wir – und kommen nicht weiter und dabei gäb' es soviel zu tun!
Bis der Tag kommt – wo wir nichts mehr zu tun haben,
nichts mehr erwarten – oder nur noch warten:
auf die seltenen Besuche von Kindern oder Freunden, –
auf das Ende warten.
Wir wollen in unserem heutigen Bußgottesdienst über unser Warten, unsere Erwartungen und die Erwartungen anderer an uns nachdenken. Denn Advent ist ja die Zeit der Erwartung:
Erwartung eines Festes, Erwartung einer Ankunft:
jemand will bei uns ankommen,
wartet auf unser Signal:
daß wir ihm Einfahrt geben.

Gebet
Wir wollen beten.
Du wartest auf uns –
bis wir geöffnet sind für dich.
Wir warten auf dein Wort,
das uns aufschließt.
Stimm uns ab auf deine Stimme,
auf deine Stille,
deinen Sohn sprich uns zu
Jesus, das Wort deines Friedens.

H. Osterhuis, aus:
Ganz nah ist dein Wort, Herder

Lied: Aus hartem Weh, GL 109

Lesung aus dem Lukasevangelium
Legt euren Gürtel nicht ab, und laßt eure Lampen brennen. Seid wie Menschen, die auf die Rückkehr ihres Herrn warten, der auf einer Hochzeit ist, und die ihm öffnen, sobald er kommt und anklopft. Glücklich die Knechte, die der Herr wach findet, wenn er kommt. Wahrhaftig, ich sage euch: Er wird sie am Tisch Platz nehmen lassen und sie der Reihe nach bedienen. Und kommt er erst in der zweiten oder dritten Nachtwache und findet sie wach: Glücklich sind sie. Bedenkt: wenn der Herr des Hauses wüßte, in welcher Stunde der Dieb kommt, so würde er verhindern, daß man in sein Haus einbricht. Haltet auch ihr euch bereit! Denn der Menschensohn kommt zu einer Stunde, in der ihr es nicht erwartet.
Lk 12, 35-40

1. Teil: Erwartungen

Menschen warten auf ihren Herrn, auf seine Rückkehr, so hörten wir gerade. Wir wollen drüber nachdenken, auf wen wir warten.
Mir scheint: das ist nach Lebensalter verschieden:
ein Kind wartet am Kindergarten auf die Eltern oder
wartet abends darauf, wann sie zurückkommen,
ein junger Mensch wartet auf Freund oder Freundin,
Menschen warten auf ein Zeichen der Liebe des andern,
warten auf den Partner, die Partnerin fürs Leben,
warten auf Entgegenkommen nach einem Streit.
Frauen warten Monate lang auf ihr Kind,
warten darauf, daß es größer wird,
warten auf den Partner, der abends so lange ausbleibt,

warten auf die Jugendlichen, die spät noch weg sind.
In vielen Situationen immer das eine:
Warten – warten auf andere –
Warten auf die Liebe der andern.
Auf wen warten Sie?

Stille

Menschen warten auf die Rückkehr ihres Herrn.
Worauf warten wir?
Auf die Dinge, die Ereignisse, die wir erwarten, sind nach Alter und Lebensumständen verschieden. Wir warten auf das, was wir nicht haben oder noch nicht:
Ein Kind wartet darauf, einmal groß zu sein,
wartet darauf, in die Schule zu kommen,
und dann darauf, daß der Unterricht vorbei ist.
Dann kommt das Warten auf das Ende der Schulzeit,
warten auf eine Lehrstellenzusage, auf einen Studienplatz,
warten auf eine Stelle,
warten auf die fällige Beförderung,
warten auf das Rentenalter, wo man endlich Zeit hat. –
Worauf warten Sie?
Und all das andere, worauf Menschen warten, weil es ihnen fehlt:
ein Kriegsgefangener auf Rückkehr in die Heimat,
ein Einsamer auf Post,
wer rechnen muß: auf das neue Geld,
eine Kranke auf das Untersuchungsergebnis der Gewebeprobe,
ein Angeklagter auf sein Urteil,
ein Strafgefangener auf die Freiheit,
wer eingespannt ist – auf Selbstverwirklichung,
wer Langeweile hat, wartet darauf, daß etwas passiert.
Warten auf Urlaub und Ferien,
warten auf Antwort,
warten auf Anerkennung,
warten auf Gewißheit,
warten auf Besuch,
warten auf – den Tod.
Und auch dann noch etwas erwarten – eine Hochzeit, ein Fest?
Wir wollen noch eine Zeitlang in Stille darüber nachdenken, worauf wir warten in Beruf oder Betrieb, was uns fehlt und was wir erwarten – für uns.
Worauf warten wir?

Stille, dann Orgelspiel

2. Teil: Wie wir warten

Im Evangelium ist angedeutet, wie die Menschen auf ihren Herrn warten: Manche sind wach, andere rechnen nicht mehr mit ihm. Ob manche auch ungeduldig werden? In diesem Teil unserer Besinnung wollen wir darauf achten, was das Warten in uns auslöst.
Wenn wir warten, warten wir nicht nur auf etwas von draußen, nein,
unser Inneres wird vom Warten verändert,
das Warten schmerzt oder es fällt schwer:
das Warten auf Besuch z.B., auf ein Zeichen der Liebe,
weil uns der Erwartete oder das Erwartete so viel bedeutet und so sehr fehlt.
Manchmal wir uns auch die Ungewißheit im Warten zur Qual:
Wer auf einen Bescheid, ein Untersuchungsergebnis wartet, dem wird die Zeit lang.
Oder wir sind ungeduldig im Warten,
weil es längst überfällig ist,
aber wir können nichts machen, können nur warten.
wir erfahren im Warten, wie ohnmächtig wir sind.
Manchmal werden unsere Erwartungen schmerzlich erfüllt,
die schlimmsten Befürchtungen erweisen sich als wahr,
wenn der Mann oder ein Jugendlicher nicht nach Hause kam.
Und manchmal werden Erwartungen enttäuscht:
eine Absage, mit der wir nicht gerechnet hatten,
die Vergeßlichkeit des Menschen, den wir lieben, –
oder wir haben etwas nicht geschafft, nicht erreicht,
nicht bekommen,
wir haben uns getäuscht – in uns selbst: wir haben uns vielleicht überschätzt oder überfordert:
wir haben uns getäuscht, in einen anderem Menschen,
wir haben von ihm zu viel erwartet.
Vielleicht sind unsere Erwartungen auch maßlos:
Ist das eine erreicht und gewonnen, erwarten wir Neues und mehr.
Aber – kein Mensch kann alle unsere Erwartungen erfüllen,
unseren maßlosen Hunger nach Liebe und Glück.
Das Warten berührt unser Herz,
manchmal auch als frohe Erwartung:
Meine Mutter hat gern, wenn sie vorher weiß, wann ich komme.
Sie sagt: Dann kann ich mich schon den ganzen Tag freuen.
Reisende auf dem Flugplatz sind freudig gespannt auf den Urlaub,
eine Mutter auf ihr Kind,
jemand auf einen Besuch, der sich eben ansagte.

Freudige Erwartung, so wie bei Kindern vor Weihnachten:
Das verändert, gibt Schwung,
bereitet uns vor auf den Empfang,
auf den oder das, was wir erwarten.
Wir wollen uns eine kurze Zeit auf unsere Erfahrungen mit dem Warten besinnen,
ob oder wann wir ungeduldig sind, uns ohnmächtig fühlen,
zuviel erwarten oder enttäuscht wurden. –
Gibt es auch etwas, das wir voll Freude erwarten?

Stille, Orgelspiel

dann: O komm, o komm Emmanuel

3. Teil: Nichts mehr erwarten

Meine lieben Mitchristen, manchmal wollen oder können wir nicht mehr warten.
Entweder sind wir zu ungeduldig, werden zu schnell nervös, oder der andere hat uns zu lange warten lassen:
Jetzt sagen wir nein.
Wenn z.B. einer dem andern die Hand zur Versöhnung entgegenstreckt, wird er nicht unbegrenzt warten: Die Hand sinkt, das Herz wird müde.
Vielleicht gibt es Menschen und Wünsche, auf die auch wir nicht mehr warten, von denen wir nichts mehr erwarten:
Sie sind für uns so gut wie gestorben, wir geben sie auf.
Haben Sie jemand in Ihrer Nähe aufgegeben – Partner oder Partnerin, Ihre Kinder oder Eltern, Mitarbeiter oder Kollegen?
Wie schnell verlieren wir die Geduld?
Dann gibt es Stunden, in denen wir nichts mehr erwarten, nichts und niemand. Kein Ausweg, no future, null Bock:
Dann flüchten manche in Lärm oder Betrieb,
andere ziehen sich zurück, verkriechen sich,
wollen nur noch, daß bald alles vorbei ist.
Nichts mehr erwarten – nur noch das Ende.
Schon der Prophet Elija hat derartiges erlebt:

Lesung aus dem 1. Buch der Könige
Nach alle dem ging Elia nach Berscheba in Juda. Dort ließ er seinen Begleiter zurück. Er selbst ging einen Tag lang in die Wüste. Dort setzte er sich unter einen Ginsterstrauch und wünschte sich den Tod.
Er sagte: Nun ist es genug, Herr. Nimm mein Leben! 1 Kö 19, 3-4

Sich zurückziehen, allein sein wollen, die Wüste: ein Bild der Trostlosigkeit und Verzweiflung. Es ist genug, ich habe genug. Nichts mehr erwarten – nur noch den Tod. –

Stille

Nichts mehr erwarten – nur noch den Tod – das kann aber auch eine große Befreiung bedeuten.
Ich bin auf dem Berg Athos, dem Berg der Mönche in Griechenland gewesen, habe mit den Mönchen gesprochen und habe gehört: Wer als Mönch zum Athos kommt, erwartet nur noch den Tod, keine Reichtümer, keine beruflichen Erfolge, keine wie immer geartete Karriere, nur noch den Tod. Und die Folge daraus: Die Mönche sind frei, haben viel Zeit, unendlich viel Zeit, keine Hektik, sondern eine große Gelassenheit. Sie leben in den Tag, oder soll ich sagen: Sie leben den Tag, erleben den Tag. Wenn am Ende des Lebens der Tod steht, warum soll man es eilig haben?
Wenn ich ihn richtig verstehe, hat Buddha empfohlen, die eigenen Wünsche und Erwartungen zu vergessen.
Ich bin kein Buddist und kein Mönch auf dem Athos, aber etwas von ihrer Gelassenheit würde mich gelöster und freier machen, wenn ich nicht dauernd etwas erwartete –
von mir, von anderen, zuviel erwartete. Das setzt mich nur unter Druck.
Vielleicht stellen auch Sie sich die Fragen:
Kann ich warten?
Kann ich auch Wünsche und Erwartungen in Gelassenheit aufgeben?
Vielleicht sogar: Wie erwarte ich den Tod?

Stille, dann Orgelmusik

4. Teil: Erwartungen anderer an uns

Über all unseren eigenen Erwartungen vergessen wir leicht, andere erwarten etwas von uns.

Hören Sie eine Geschichte von Siegfried Lenz:
„Da ist die einzige Möglichkeit", sagte der Nachtportier, „zu so später Stunde werden Sie nirgendwo ein Einzelzimmer bekommen. Aber ich kann Ihnen schon jetzt sagen, daß wir, wenn Sie ergebnislos zurückkommen, nicht mehr in der Lage sein werden, Ihnen zu dienen. Denn das freie Bett in dem Doppelzimmer, das Sie – ich weiß nicht aus welchen Gründen – nicht nehmen wollen, wird dann auch einen Müden gefunden haben."

„Gut", sagte Schwamm, „ich werde das Bett nehmen. Nur möchte ich wissen, mit wem ich das Zimmer zu teilen habe. Ist mein Partner schon da?" „Ja, er ist da und schläft."
„Er schläft", wiederholte Schwamm, dann ging er hinauf. Schwamm drückte die Klinke herab. Da sagte jemand mit einer dunklen, aber energischen Stimme: „Halt! Bitte machen sie kein Licht. Sie würden mir einen Gefallen tun, wenn Sie das Zimmer dunkel ließen".
„Haben Sie auf mich gewartet?" fragte Schwamm erschrocken; doch er erhielt keine Antwort. Statt dessen sagte der Fremde: „Stolpern Sie nicht über meine Krücken, und seien Sie vorsichtig, daß Sie nicht über meinen Koffer fallen. – Sind Sie eigentlich geschäftlich hier?" „Nein, das kann man nicht sagen. Wahrscheinlich habe ich den merkwürdigsten Grund, den je ein Mensch hatte, um in die Stadt zu fahren." „Wollen Sie Selbstmord begehen", fragte der andere. „Nein", sagte Schwamm, „Gott bewahre, nein. – Ich habe einen Sohn, einen kleinen Lausejungen, und seinetwegen bin ich hierhergefahren. Jeden Morgen, wenn er zur Schule geht – er geht übrigens allein dorthin – jeden Morgen muß er vor einer Schranke stehen bleiben und warten, bis der Frühzug vorbei ist. Er steht dann da, der kleine Kerl, und winkt, winkt heftig und freundlich und verzweifelt, und – wie er traurig sieht – es winkt ihm keiner der Reisenden zurück. Und das nimmt er sich so zu Herzen, daß wir – meine Frau und ich – die größten Befürchtungen haben. Er winkt und keiner winkt zurück". „Und Sie, Herr Schwamm, wollen Das Elend des Jungen nun aufsaugen, indem Sie morgen den Frühzug nehmen, um dem Kleinen zu winken." „Ja", sagte Schwamm, „ja". „Und Ihnen kommen keine Bedenken bei Ihrem Vorhaben?" Schwamm sagte aufgebracht: „Was erlauben Sie sich, ich bitte Sie, wie kommen Sie dazu?!" Er ließ sich fallen, zog die Decke über den Kopf, lag eine Weile überlegend da und schlief dann ein. – Als er am nächsten Morgen erwachte, stellte er fest, daß er allein im Zimmer war. Er blickte auf die Uhr und erschrak: Bis zum Morgenzug blieben ihm noch 5 Minuten, es war ausgeschlossen, daß er ihn noch erreichte.
Am Nachmittag kam er niedergeschlagen und enttäuscht nach Hause. Sein Junge öffnete ihm die Tür, glücklich, außer sich vor Freude. „Einer hat gewinkt, einer hat ganz lange gewinkt". „Mit einer Krücke?" fragte Schwamm. „Ja, mit einem Stock. Und zuletzt hat er sein Taschentuch an den Stock gebunden und es solange aus dem Fenster gehalten, bis ich es nicht mehr sehen konnte."

Stille

Ein Junge steht an einer Schranke und wartet darauf, daß jemand zurückwinkt. Stehen wir nicht alle manchmal an einer Schranke und warten darauf, daß jemand zurückwinkt?
Ebenso warten andere auf uns.
Wer erwartet etwas von uns – und was?
Wer wartet auf Sie – z.B. wenn Sie nach Hause kommen?
Wen haben wir enttäuscht, sind ihm oder ihr gedankenlos eine Freundlichkeit, ein Zeichen der Verbundenheit schuldig geblieben?
Manchmal wehre ich mich gegen Erwartungen und vielleicht erleben auch Sie manchmal unangemessene Forderungen. Ich sollte sie am besten offen und freundlich zurückweisen, aber manchmal mache ich es dann doch gequält und schimpfe hinterher. Wie verhalten Sie sich bei unangemessenen Erwartungen anderer?
Sie haben jetzt Zeit, darüber nachzudenken, wer etwas – zu Recht oder nicht – von Ihnen erwartet.

Orgel

5. Teil: Gott – erwartet

Die Erwartungen anderer – könnten sie Erwartungen Gottes an uns sein? Wir wollen ausdrücklich darüber nachdenken:
Was erwartet Gott von uns –
an der Stelle, wo wir leben: in Familie, Beruf, Freizeit, Nachbarschaft,
in unserem Umgang mit Menschen, mit unserm Geld, mit uns selbst,
was erwartet Gott von uns?

Stille

Lied: Komm, der Völker Heiland

Einer wartet auf uns,
einer erwartet uns,
einer, von dem wir alles erwarten können,
einer, von dem wir zu wenig erwarten,
der die Erfüllung unserer maßlosen Erwartungen ist.
Einer wartet auf uns,
einer, von dem wir alles erwarten können,
in diesen Tagen erwarten wir seinen Sohn,
ein Kind, in dem mehr beginnt, als wir erwarten konnten,
in dem etwas Neues beginnt,
was unsere Erwartungen weit übertrifft.

Vielleicht sollten wir beten: laß uns nicht warten, komm.
Worauf wartest du noch?
Vielleicht gibt er uns zur Antwort:
ich warte auf dich.
Denn wie kann ich kommen,
wenn du mich nicht erwartest?
Wenn du alles von dir selbst erwartest?
Wenn du nicht warten kannst,
bis etwas wächst – aus einem kleinen Anfang,
wenn alles sofort schon fertig sein muß!

Lied: Herr, send herab, GL 112

Schuldbekenntnis und Vergebungsbitte
Wir wollen unser Versagen bekennen:
unsere Ungeduld, unsere Selbstüberschätzung, unsere maßlosen Erwartungen an uns und an andere und sprechen dazu das Schuldbekenntnis.

Alle: **Schuldbekenntnis**, GL 353, 4

Guter Gott, von dir erwarten wir, daß du uns immer wieder vergibst in Geduld. Noch einmal bitten wir mit Jesus Worten darum, und wir wollen auch selbst zur Vergebung bereit sein.

Alle: **Vater unser**

Guter Gott, vergib uns Müdigkeit und Ungeduld, Unzufriedenheit und all unsere Fehler und Schwächen. Von uns können wir nicht zu viel erwarten, so kommen wir mit unseren Erwartungen zu dir. Erbarme dich unser, laß uns die Fehler und Sünden nach und führe uns zu neuem Leben.
Nachlaß, Vergebung und Verzeihung unserer Sünden schenke uns der gütige Gott: der Vater, der Sohn und der Heilige Geist.

Lied: Gloria sei dir gesungen, GL 110, 3

Entlassung
Einiges muß noch geschehen,
ehe die Sonne sinkt,
ehe es Weihnachten wird:
Hungrige sind noch hungrig,
Einsame warten auf ein Zeichen der Liebe,
Enttäuschte auf ein Wort des Trostes.
Einiges muß noch geschehen,
ehe die Sonne sinkt

und die Tore sich schließen.
Schon werden die Schatten lang.
Einiges ist schon geschehen,
vieles wird uns geschenkt
Vergebung, Neuanfang, Hoffnung.
Ich lade Sie ein, einen Neuanfang in der Christmette mit uns zu feiern.
Auch wenn er anders kommt als erwartet. –
Ich wünsche Ihnen einen guten Heimweg und gute Nacht.

Gehet hin in Frieden!

Lied: Wachet auf, GL 110,1

2 Die Predigt Johannes des Täufers

Versöhnungsfeier im Advent

Übersicht

Einleitung: Lied: O komm, o komm Emmanuel, GL 833, 1-2
Begrüßung und Einführung
Aus dem Lukasevangelium (aus Lk 2, 2-20; 7, 24-27)
Lied: Aus hartem Weh, GL 109, 1

1. Teil: Das Leben Teilen
Besinnung
Stille
Lied: Wenn das Brot, das wir teilen

2. Teil: Fordern – ausnutzen – betrügen
Besinnung:
ausnutzen
betrügen
Stille
Lied: Zeige uns den Weg

3. Teil: Tut niemand Gewalt an!
(Widerspreche den Mächtigen)
Besinnung
Stille
Lied: Kündet allen in der Not, GL 106

Umkehr – Bekenntnis – Vergebung
Schuldbekenntnis
Vater unser
Vergebungsbitte
Lied: Macht hoch die Tür, GL 107, 1+2
Verabschiedung
Lied: O komm, o komm Emmanuel

Gottesdienst

Begrüßung

Ich begrüße Sie sehr herzlich zu dieser Versöhnungsfeier, mit der Sie sich innerlich auf das Weihnachtsfest vorbereiten wollen.
Vorbereitung auf Weihnachten: Als ich noch ein Kind war, hat unser alter Pastor uns aufgefordert, im Advent Strohhalme für die

Krippe zu sammeln. Für jeden Gottesdienstbesuch, ein Werk der Nächstenliebe oder einen Verzicht durften wir jeweils einen Strohhalm beiseite legen für die Weihnachtskrippe: Das Christkind sollte nicht auf dem bloßen Holz liegen, sondern möglichst weich auf Strohhalmen.
Vorbereitung auf Weihnachten: Am liebsten denke ich an die Adventskalender, an denen Tag für Tag ein Türchen aufgemacht wurde. Tag für Tag eine kleine Vorfreude; das Öffnen der Türchen erinnert täglich daran, bald ist Weihnachten. Das Fest rückt immer näher. Einstimmung auf das Fest.
Vorbereitung auf Weihnachten: Bleibt uns als Erwachsenen heute nur noch die Möglichkeit zu klagen, der Advent sei auch nicht mehr, was er einmal war? Die wenigen Kerzen des Adventskranzes sind ja längst von der Weihnachtsbeleutung überblendet. So mancher fühlt sich unter Druck, Weihnachtsgeschenke suchen zu müssen, und wehrt sich zugleich gegen den Einkaufsrummel. Und hat doch selten den Mut, neue Formen zu suchen, sich entgegenzustemmen. Bleibt nur die Freude über das Weihnachtsgeld und die Vorfreude auf ein paar ruhige Tage – möglichst im Kreis der Familie? Aber selbst das ist nicht allen geschenkt: manche haben Angst vor der Einsamkeit, vor bitteren Erinnerungen oder – bei getrennten Familien – Angst vor komplizierten Familienbegegnungen.
Uns auf Weihnachten vorzubereiten und einzustimmen, das schaffen wir nicht mehr mit Strohhalmen und Adventskalendern, das geht auch nicht mit Klagen über den Weihnachtsrummel und nicht mit einem Verschweigen des Unbehagens, so als ob alles noch sei wie damals. All das führt in eine Sackgasse. Gerade deshalb möchte ich mit Ihnen über die Botschaft des Täufers Johannes nachdenken. Weil dieser bedeutende Mensch ein Wegweiser war, weil er zur Umkehr aufrief, Umkehr aus der Sackgasse. Weil er aufforderte, dem Herrn den Weg zu bereiten. Seine Worte werden in jedem Advent in den Kirchen verlesen, weil sie noch nichts an Aktualität verloren haben, weil es jetzt wieder darum geht, dem Kommen Jesu den Weg zu bereiten – in unsere Welt.

Wir wollen seine Predigt hören – und uns darauf besinnen.

Lesung aus dem Lukasevangelium
In jener Zeit erging das Wort Gottes an Johannes in der Wüste. Er zog in die Gegend am Jordan und predigte eine Taufe der Umkehr zur Vergebung der Sünden. So erfüllte sich, was im Buch der Reden des Propheten Jesaja geschrieben steht: Eine Stimme ruft in der

Wüste: Bereitet dem Herrn den Weg, ebnet ihm die Straßen! Jedes Tal soll ausgefüllt und jeder Berg und Hügel abgetragen werden. Was krumm ist, soll gerade und was holprig ist, soll ebener Weg werden, und alle Menschen sollen schauen Gottes Heil!
Er sprach zu den Volksscharen, die zu ihm herauskamen: Ihr Natterngezücht! Wer hat euch gesagt, ihr könntet dem kommenden Gericht entfliehen?
Bringt Früchte hervor, die eure Umkehr zeigen! Schon ist die Axt an die Wurzel der Bäume gelegt; jeder Baum, der keine gute Frucht bringt, wird umgehauen und ins Feuer geworfen.
Da fragten ihn die Leute: Was sollen wir tun? Er antwortete ihm: Wer zwei Röcke hat, gebe dem, der keinen hat, und wer Essen hat, handle ebenso. Es kamen auch Zöllner und fragten ihn: Meister, was sollen wir tun? Er sprach zu ihnen: Fordert nicht mehr, als recht ist! Und es fragten ihn auch Soldaten: Und was sollen wir tun? Er antwortete ihnen: Tut niemand Gewalt an und übt keine Erpressung! Den Fürsten Herodes aber wies er zurecht wegen all des Bösen, das er getan hatte. Da ließ der den Johannes einkerkern.
Jesus aber sagte zu den Volksscharen über Johannes: Wozu seid ihr hinausgegangen in die Wüste? Ein Schilfrohr zu sehen, das im Wind schwankt? Er ist es, von dem geschrieben steht: ich sende meinen Boten vor dir her, daß er dir den Weg bereitet!

Lk 2,2-14, 19-20. 7, 24-27

Lied: Aus hartem Weh, GL 109,1

1. Teil: Das Leben teilen

Das ist eine gute Vorbereitung auf Weihnachten: Jesus den Weg in unserer Zeit bereiten. Wie denn? Die Antwort des Johannes an die reichen Leute aus Jerusalem:
Wer zwei Röcke hat, gebe dem, der keinen hat; und wer Essen hat, handle ebenso. Natürlich geht es nicht nur um Kleidung und Essen. Es geht darum, das Leben miteinander zu teilen. Das Leben und das, was wir im Leben brauchen.
Wir wollen uns fragen: Mit wem teilen wir unser Leben?
Ich denke zuerst an die, die zum gemeinsamen Haushalt gehören: ob in Familie oder Wohngemeinschaft. Wir teilen Essen und Trinken, Energiekosten und alle finanziellen Belastungen. Teilen wir gerecht? Kommt vielleicht jemand nicht auf seine Kosten?
Wir teilen Hausarbeit. Welchen Anteil habe ich? Ist das genug?
Wir teilen unsere Sorgen und Enttäuschunge. Wenn ich über meine Sorgen schweige, verschließe ich mich und andere, wenn ich

nur über *meine* Sorgen rede, erdrücke ich andere. Wie teile ich meine Sorgen mit anderen?
Wir teilen unsere Freuden und Erfolge. Wenn ich meine Freuden nur mit anderen feiere, werden die Hausgenossen einsam; wenn ich Erfolge nur mir zuschreibe, verbittere ich sie; wenn ich aber ihre Erfolge bemerkte und anerkenne, mich mit ihnen freue, so schafft das Verbundenheit. Wie teile ich und wie teilen Sie Freude und Erfolg mit den Hausgenossen?
Wir teilen unsere Zeit. Vielleicht hat manch einer Zeit zuviel und Langeweile, und mancher hat zu wenig Zeit und findet keine Ruhe, um zur Besinnung zu kommen oder um mit anderen absichtslos zusammenzusein. Wofür nehme ich mir, wofür nehmen Sie sich zu wenig Zeit?
Wir teilen uns mit im Gespräch. Nichts ist erdrückender, als wenn das Gespräch verstummt zwischen Ehepartnern oder zwischen Eltern und Kindern, zwischen Freunden. Ohne Gespräch kann man sich kaum verständigen, kaum gut verstehen. Ein dauernd laufender Fernsehapparat erschlägt das Gespräch untereinander. Wo haben wir Gelegenheiten, uns im Gespräch mit-zu-teilen? Mit wem wollte ich schon lange einmal reden?

Das Leben miteinander teilen. Ich denke auch an die, die nicht zum gemeinsamen Haushalt gehören. Ich denke an die Nachbarn. Die Gemeinsamkeit mit ihnen ist bei weitem nicht so eng, das ist selbstverständlich. Und es geht auch nicht um Klatsch und Tratsch und nicht um neugieriges Schauen in die Kochtöpfe oder aufdringliches Rühren in fremden Familienangelegenheiten. Es geht um Anteilnahme am Leben der Nachbarn: um rücksichtsvolles Anbieten der Hilfe, wenn z.B. jemand krank ist, um freundliches Grüßen oder Gespräch oder um den Glückwunsch zu einem Fest. Es gibt tausend Gelegenheiten – vom Mitnehmen des Nachbarkindes zum Kindergarten bis zu Beteiligung an einem Straßenfest. Leben teilen mit den Nachbarn: Denken Sie einen Augenblick über Ihre Einstellung und Ihre Beziehungen zu Ihren Nachbarn nach!

Leben miteinander teilen. Wir wollen den Kreis nicht zu eng ziehen: Die Arbeit teilen wir mit Kollegen und Mitarbeitern, den Lebensraum teilen wir mit Ausländern im Wohnviertel oder Betrieb, die Wohnung teilen wir mit Angehörigen oder Freunde der Kinder, Lebensmittel teilen wir mit den Menschen in Osteuropa oder in Mittel- und Südamerika –, An-teil nehmen wir an den Sorgen der Benachteiligten, der Kranken, der Arbeitslosen, der Außenseiter.
Wer zwei Röcke hat, gebe dem, der keinen hat; und wer Essen hat,

handle ebenso. Es geht nicht nur um Kleidung oder Lebensmittel, es geht darum, Leben miteinander zu teilen, das Leben und was wir zum Leben brauchen. Es geht darum, An-teil zu nehmen und mit-zu-teilen.
Das ist wichtiger als Sachen, wichtiger als Weihnachtsgeschenke abzuliefern: sich mitteilen, das eigne Leben mit andern in Liebe und Geduld zu teilen; *das* bereitet den Weg für den Herrn – in unserer Zeit.
Wir wollen in einer Zeit der Stille nachdenken, mit wem wir teilen, ob wir großzügig teilen, woran wir Anteil nehmen.

Stille

Lied: Wenn das Brot, das wir teilen.
oder: Wenn wir das Leben teilen.

2. Teil: Fordern – ausnutzen – betrügen

Das ist eine gute Vorbereitung auf Weihnachten: Jesus den Weg in unsere Zeit bereiten. Wie denn?
Die zweite Antwort des Täufers richtet sich an die Zöllner. Sie fragten: Was sollen wir tun? Er antwortete ihnen: Fordert nicht mehr als recht ist!
Die Zöllner von damals sind nur ein Beispiel. Das Wort des Johannes geht uns alle an.
Fordert nicht mehr, als recht ist! Wir wollen darüber nachdenken, von wem wir etwas fordern:
Forderungen an den Ehepartner, an die Partnerin; Forderungen – bezogen auf die Hausarbeit, das Geld, die Erziehung der Kinder; fordern, daß die Partnerin ihre Zeit nach den Vorgaben des Mannes einrichtet, von Partner oder Partnerin fordern, eigene Hobbies oder Freundeskreise aufzugeben, vom Partner, der Partnerin fordern, sich zu ändern.
Was fordern Sie?
Forderungen an die Kinder in bezug auf Schule, Freundeskreis, Hobbies...; Forderungen an die Eltern, z.B. um Geld; Forderungen an Mitarbeiterinnen oder Mitarbeiter, Kolleginnen oder Kollegen, an Lehrlinge und Hilfskräfte: Überstunden fordern, Gefälligkeiten fordern, Arbeit am Samstag, Urlaubsverzicht...
An wen stellen wir welche Anforderungen?

Stille

Nahe bei den Anforderungen steht das Ausnutzen.
Ausnutzen, das ist z.B. wenn jemand krank feiert, obwohl ihm nichts fehlt, vielleicht nur, um zu Hause zu renovieren; ausnutzen, wenn ein Arzt einen Krankenschein fürs Quartal ohne wirkliche Leistung verlangt; ausnutzen: das Telefon oder den Fotokopierer des Betriebs für private Zwecke.
Es gibt so viele Möglichkeiten, das soziale Netz, d.h. die Allgemeinheit oder den Betrieb, die Versicherung auszunutzen.
Es gibt Möglichkeiten, seine Stellung als Beamter auszunützen; es gibt die Versuchung, Amt und Würde in der Kirche oder in der Politik auszuspielen. Oft beobachte ich, jeder verdächtigt gern die anderen des Mißbrauchs: Unternehmer sprechen von der sozialen Hängematte und wollen den Mißbrauch der Arbeiter besser abstellen, und die werfen ihren Chefs überhöhte Anforderungen oder einen aufwenigen persönlichen Lebensstil vor. Man verweist auf die Bequemlichkeit der Beamten oder wirft Ärzten vor, unnötige Untersuchungen anzustellen, nur um daran zu verdienen. Das alles kommt vor. Aber hier geht es nicht darum, auf bestimmte Berufe oder andere Menschen zu zeigen, hier wollen wir uns selbst fragen: Wie verhalte ich mich?
Man kann auch den Ehepartner auf vielfältige Weise ausnützen – in der Ehe ebenso wie nach der Trennung. Man kann auch die Eltern ausnützen. Und alte Menschen können ihre Kinder ausnützen. Es gibt viele Formen. Wir wollen darüber nachdenken.
Wenn wir in der Sackgasse sind, ist Umkehr nötig.
Manche übersetzen die Worte des Johannes an die Zöllner auch so: Betrügt niemand! Und sie meinen, daß Johannes damit dazu auffordert, sich von aller Unwahrhaftigkeit und Falschheit abzuwenden. Denn betrügen, damit ist nicht nur ein Verstoß gegen das Strafgesetzbuch gemeint, betrügen kann vielerlei sein:
- wenn ein Partner den andern betrügt,
- wenn Kinder die Eltern belügen,
- wenn wir andern etwas vormachen,
- Fusch bei der Arbeit,
- andern nach dem Mund reden.

Und Falschheit gibt's auf vielfältige Weise, sogar bei Weihnachtsgeschenken: Wenn wir nicht schenken aus ehrlichem Herzen, sondern aus Berechnung oder um andere zu übertreffen, unter Zwang oder mit Zwang.
Auch ein Gruß kann falsch sein.
Und nach Jesu Worten kann sogar die Frömmigkeit falsch sein, wenn sie sich wichtig macht oder andere verurteilt in Selbstgerechtigkeit.

Falschheit kann noch tiefer gehen, wenn wir falsch leben. Damit meine ich, auf Äußerlichkeiten setzen, auf Geld oder Luxusgüter. Wenn wir uns vormachen, bei genügend Wohlstand sei alles in Ordnung.
Falsch leben – das kann auch sein, sich in äußeren Betrieb stürzen – und dahinter ist Leere.
Wir wollen uns besinnen und fragen:
wie wahr und offen sind unsere Worte und unser Leben?

Stille

Lied: Zeige uns den Weg

3. Teil: Tut niemand Gewalt an!

Das ist eine gute Vorbereitung auf Weihnachten: Jesus den Weg in unsere Zeit zu bereiten. Wie denn?
Ich erinnere Sie an den dritten Abschnitt des Evangeliums. Auch Soldaten fragten den Johannes: Was sollen wir tun? Er antwortete ihnen: Tut niemand Gewalt an und übt keine Erpressung! Den Fürsten Herodes aber wies er zurecht.
Wieder möchte ich sagen, es geht nicht um eine bestimmte Berufsgruppe, es geht nicht nur um Soldaten, es geht um jeden von uns.

Gewalt und Unterdrückung hat viele Gesichter. Draußen in der Welt Folter, Krieg und Unfreiheit. Aber Gewalt gibt es auch mitten unter uns. Gewalt in der Familie, Gewalt an den Kindern, Gewalt am Ehepartner, Machtproben gegeneinander: Wer ist der Stärkere, wer hat zu sagen, wer hat die Kinder auf seiner Seite? Gewalt im Berufsleben, sich durchsetzen gegenüber Konkurrenten, Kollegen, Mitarbeitern, Lehrlingen – und Gewalt von unten: Es gibt Möglichkeiten, einen andern auszuhungern, kleinzukriegen, fertigzumachen...
Gewaltanwendungen von Jugendlichen und Gewaltanwendung mit Paragraphen.
Die Gewalt mächtiger Organisationen und die Macht von Beziehungen.
Die Macht, Geld zu sperren, Taschengeld z. B.
Die Macht, andere Meinungen zu unterdrücken, nicht zum Zuge, nicht zu Wort, nicht zur Geltung kommen zu lassen.
Gewalt: aggressives, rücksichtsloses Fahren im Straßenverkehr.
Auch Worte, Drohungen, Zorn können Gewalt ausüben.
Wo übe ich Gewalt aus? Erdrücke oder unterdrücke andere?

Wo erlebe oder erleide ich die Gewalt anderer?
Wie reagiere ich auf Gewalt? Mit Gegengewalt? Den Trotz der Kinder oder den Widerspruch von Mitarbeiterinnen und Mitarbeitern brechen. Mal sehen, wer zu sagen hat?
Wie reagiere ich auf Gewalt, die Gewalt der Mächtigen? Indem ich mich ducke und schweige?
Johannes der Täufer kritisiert den Herodes, der Unrecht tat. Wenn wir erleben, daß jemand Unrecht tut, z.B. der Chef, jemand, der etwas zu sagen hat, haben wir dann den Mut zum Widerspruch? Auch wenn wir selbst nicht betroffen sind und Nachteile entstehen könnten?
Zum Taufbekenntnis gehört das dreimalige Versprechen, dem Bösen zu widersagen, zu widersprechen. Wann haben wir zuletzt widersprochen?
Wann haben wir z.B. Vorurteilen in der Gaststätte, im Betrieb oder Verein widersprochen?
Ich denke auch an die Gewalt, die wir der Schöpfung antun – durch Chemie in Garten oder Landwirtschaft oder durch die Zerstörung von Lebensraum, durch Wasserverschmutzung.
Wo könnten wir achtsamer mit der Umwelt umgehen?
Schließlich gibt's die Gewalt gegen uns selbst, die Selbstausbeutung der Gesundheit durch unvernünftige Arbeit oder Sport oder die Selbstzerstörung durch Genußmittel. Wie gehen wir mit unserer Gesundheit um?
Das Gegenteil von Gewalt ist Gewaltlosigkeit, Geschwisterlichkeit, Zärtlichkeit.
Im Reiche Gottes wird es keine Gewalttätigkeit oder Unterdrükkung mehr geben. Gottes Reich kann heute in unserer Mitte beginnen, wenn wir umkehren, Wege des Friedens gehen, ungerechte Verhältnisse ändern und dadurch Jesus die Wege bereiten.
Wir wollen noch eine Zeit in Stille über das Wort des Johannes nachdenken: Tut niemand Gewalt an!

Stille

Lied: Kündet allen in der Not, GL 106

Umkehr – Bekenntnis – Vergebung
Im Matthäusevangelium beginnt die Predigt Johannes des Täufers mit der Aufforderung: Kehrt um!
Umkehr erfordert anzuhalten, einzuhalten, sich zu besinnen.
Zur Besinnung kommen: Sich über eine neue Richtung klar werden und dann Schritte in eine andere Richtung tun, Schritt für Schritt.

Schritte in die Richtung: Leben miteinander teilen.
Schritte in die Richtung: offen sein, wahrhaftig, richtig leben –
Schritte in die Richtung: ohne Gewalt leben, Geschwisterlichkeit, andere ernst nehmen, gelten lassen, aber Unrecht kritisieren.

Wir haben noch einen weiten Weg vor uns. Wir wollen unsere Schwäche bekennen und um Gottes Erbarmen und Hilfe bitten.

Schuldbekenntnis
Die Volksscharen fragten Johannes: Was sollen wir tun? Er antwortete ihnen: Wer zwei Röcke hat, gebe dem, der keinen hat; und wer Essen hat, handle ebenso! Gott, wir bekennen: Wir haben zuviel, wir halten zuviel für uns, wir teilen unser Leben zu wenig.
Herr, erbarme dich unser!
Alle: Herr, erbarme dich unser!

Es kamen Zöllner zu Johannes und fragten ihn: Meister, was sollen wir tun? Er sprach zu ihnen: Fordert nicht mehr, als recht ist.
Gott, wir bekennen: Auch wir neigen dazu, andere auszunutzen; wir betrügen andere und uns selbst, wenn wir nicht offen sind und äußerlich leben.
Herr, erbarme dich unser!
Alle: Herr, erbarme dich unser!

Soldaten kamen und fragten Johannes: Was sollen wir tun? Er sagte zu ihnen: Tut niemand Gewalt an und übt keine Erpressung! – Den Fürsten Herodes aber wies er zurecht wegen all des Bösen, das er getan hatte.
Gott, wir leiden unter der Gewalt anderer und merken so selten, wie wir selbst andere drücken, erdrücken. Vor dem Unrecht, das anderen geschieht, verschließen wir die Augen.
Herr, erbarme dich unser!
Alle: Herr, erbarme dich unser!

Herr, erbarme dich unser! Dein Reich komme! Hilf uns, nach deinem Willen zu leben und vergib uns unsere Schuld. In solcher Gesinnung wollen wir beten:

Vater unser ...

Vergebungsbitte
Gott, in einem kleinen Kind bist du uns nah gekommen,
in einem Kind, das unser Leben, unsere Freude, unsere Nöte teilt und unsere Hilfe offensichtlich braucht.

In Jesus hast du uns gezeigt, daß deine Liebe zu uns keine Lüge ist.

Du bist kein Gott, der mit Gewalt das Beste für uns Menschen durchsetzt, du bist kein Gott, der straft und unterdrückt:
du willst uns nahekommen, schenkst Vergebung.

Dein Tun ist unauffällig wie ein Kind, doch in dem Kind der Krippe schenkst du uns von neuem Hoffnung, ermutigst uns, von neuem wieder zu beginnen. Wir danken dir!

Hilf uns, deinen Sohn und vielen Menschen, die Wege zu bereiten, bereite du uns selbst, mach uns bereit, zu einem Leben aus dem Geist der Liebe, damit dein Sohn in unsere Herzen kommen kann – und dann durch unsere Hände, Worte und Gedanken in unsere Welt, die Hoffnung und Erlösung braucht.

Es erbarme sich unser der gütige Gott. Er lasse uns die Sünden nach und helfe uns zur Umkehr. Nachlaß, Vergebung und Neubeginn schenke uns der gütige Gott: der Vater, der Sohn und der Heilige Geist.

Lied: Macht hoch die Tür, GL 107, 1+2

Verabschiedung

3 Wir sind der Ton, du bist unser Töpfer, Herr

*Versöhnungsfeier im Advent**

Vorbereitungen: In diesem Gottesdienst wird eine einfache, große Tonschale zertrümmert; bereits vorher können zusätzliche Tonscherben an geeigneter Stelle im Altarraum liegen. Anschließend wird Ton gestaltet.
Der Ton sollte hinreichend feucht sein und auf Brettern kurz vorher in kleine Stücke zerteilt werden.
Aus Tonstäben wird eine Schale gebaut: dafür ist ein Tisch mit einer Platte für den Vasenboden erforderlich, außerdem etwas Wasser.
Etwas entfernt vom Tisch stehen 2-4 Waschschüsseln mit Handtüchern.
Für die Tonscherben stehen an den Ausgängen Abfalleimer bereit.

Übersicht

Lied: Aus hartem Weh, GL 109

1. Teil: Scherben
Hinführung
Lesung aus dem Propheten Jeremia (Kap. 19)
Scherben
Nachdenken über Scherben und Brüche
Lied: Hilf, Herr meines Lebens, GL 622
Nachdenken über die Vergänglichkeit

2. Teil: Die Erde in unserer Hand
Austeilen von Ton, dazu:
Lied: Herr, sende, den du senden willst
Nachdenken über das, was uns schmutzig macht
Lesung aus dem Matthäusevangelium (Kap. 15)
Nachdenken darüber, wie wir die Erde verschmutzen
Lied: Wachet auf, GL 110
Lesung aus dem 1. Buch Mose (Kap. 2)
Der Mensch in Gottes Schöpfung

3. Teil: Wir gestalten die Erde
Den Ton gestalten und darüber nachdenken
Wir prägen andere und sind geformt
Lied: O komm, o komm, Emmanuel, GL 833

* Dank an Frau B. Kals für die Gemeinsamkeit im Denken und Tun. Dank an Frau Ohler für die Anregungen aus ihrer Diplomarbeit.

4. Teil: Neugestaltung durch Gott, den Töpfer
Das Gebet des Jesaja – unsere Bitte um Neugestaltung
Vater unser
Vergebungsbitte
Lesung aus dem Buch Jeremia (Kap. 18)
Wir gestalten gemeinsam eine Schale
Lied: Nun sei uns willkommen, GL 842

Gottesdienst

Lied: Aus hartem Weh, GL 109

Begrüßung
Meine lieben Mitchristen, in diesem Advent denken wir nach über Gottes Schöpfung, in dieser Versöhnungsfeier denken wir nach über uns selbst: Über unseren Umgang mit der Schöpfung, über unsere Einstellung zum Schöpfer Gott.

1. Teil: Scherben

Gott ist unser Schöpfer,
wir sind das Werk seiner Hände,
so steht es in der Heiligen Schrift.
Doch das Werk der Hände Gottes ist nicht mehr heil;
es gibt Brüche und Schäden in unserem eigenen Leben
und überall in der Schöpfung.
Das hat schon der Prophet Jeremia erfahren und den Menschen so erfahrbar gemacht.

Bei dieser Lesung geht P. zur Seite, holt einen Krug, hält ihn hoch und läßt ihn am Ende fallen, so daß er zerbricht.

Lesung aus dem Buch des Propheten Jeremia
Der Herr sprach zu Jeremia: Geh hin und besorge dir einen Krug aus Ton und geh an den Eingang des Scherbentores. Verkünde dort das Wort, das ich zu dir rede. Sprich: Hört das Wort des Herrn, ihr Bewohner Jerusalems: So spricht Gott, der Herr: Wahrhaftig, ich bringe Unheil über diese Stätte. Jedem, der davon hört, werden die Ohren gellen. Die Menschen haben mich verlassen, haben diesen Ort entweiht und unschuldige Menschen geopfert. Darum mach ich diese Stadt zum Gegenstand des Entsetzens und des Spottes. Zerschmettere den Krug vor den Augen der Leute. Sprich zu ihnen:

So spricht der Herr: Auf diese Art zerschmettere ich dieses Volk und diese Stadt, wie man Töpfergeschirr zerbricht. Jer 19,1-4.8.10f.

So spricht Gott, der Herr: Auf diese Weise zerschmettere ich dieses Volk und diese Stadt, wie man Töpfergeschirr zerbricht. – Kommen Sie nun bitte nach vorne und heben Sie sich einen Scherben auf und nehmen ihn mit in die Bank!

Musik mit Dissonanzen

Manche haben sich erschrocken, als es Scherben gab. So geht es uns oft. Erst ahnen wir nichts, dann erschrecken wir, wenn es Scherben gab.
Sie haben einen Scherben in der Hand. Schauen Sie den Scherben an: Jeder Scherben ist anders, so wie jeder von uns,
jeder Scherben hat Kanten – wie wir,
der Scherben sind wir.

Wodurch gab es Scherben?
Durch Fallen, durch Haltlosigkeit.

Beim Propheten Jeremia sagt Gott:
Die Menschen haben mich verlassen.
Wenn wir Gott verlassen, wenn wir aus seiner Hand fallen, gibt es Bruch.
Denn wir sind zerbrechlich,
haben keinen Halt aus uns selbst.
Wir sind geschaffen, Geschöpf.
Unser Leben ist nicht unser eigenes Werk.

Wir sind zerbrechliche Geschöpfe, haben Grenzens –, wenn wir sie überschreiten, gibt es Brüche.
Wo erlebe ich, daß ich an Grenzen stoße:
Grenzen meiner Gesundheit,
Grenzen meiner Leistungsfähigkeit, meines Könnens,
Grenzen im Umgang mit Menschen?
Wie verhalte ich mich an Grenzen?
Versuche ich, etwas zu erzwingen? Arbeite ich zuviel?
Versuche ich mit Medikamenten oder Alkohol, Grenzen zu überspielen?
Kann ich verzichten? Verzichten auf Genußmittel, auf Luxus?
Verzichten auf Geld und überflüssige Sachen?
Verzichten auf ein Weiterkommen um jeden Preis?
Wir denken nach über Grenzerfahrungen und Brüche in unserem Leben: tiefe Enttäuschung, Krankheit und Schuld können ein Bruch in uns sein. Hat es in dem Jahr, das bald zu Ende geht, einen

Bruch in meinem Leben gegeben?
Bin ich mir schwerer Schuld bewußt?
Hat mein Vertrauen auf Gott einen Riß bekommen?

Stille

Wodurch gibt es Scherben?
Beim Propheten Jeremia sagt Gott:
Die Menschen haben unschuldige Menschen geopfert.
Wenn jemand für irgendwelche Zwecke oder um des eigenen Vorteils willen andere opfert, die Menschlichkeit opfert, dann gibt es Scherben.
Wir wollen darüber nachdenken, ob wir in einem anderen Menschen einen Scherbenhaufen angerichtet, etwas zerbrochen haben.
Bin ich anderen zu nahe getreten?
Habe ich im Zorn jemanden fertig gemacht? Verletzt?
War ich ungeduldig mit anderen:
habe ihr Ansehen zerstört durch Reden?
Andere sind zerbrechlich, wenn wir sie fallen lassen:
Kinder sind zerbrechlich,
Freundschaft ist zerbrechlich,
der Partner, die Partnerin,
die Schüler, Lehrlinge, Mitarbeiter, ältere Nachbarn,
ein ausländischer Flüchtling –
wen habe ich fallen lassen?

Stille

Lied: Hilf, Herr meines Lebens, GL 622

Scherben sind nichts wert;
Scherben sind ein Bild der Vergänglichkeit.
Wir selbst sind vergänglich.
So beschreibt es die Bibel:

Lesung aus dem 1. Buch Mose
Gott, der Herr, bildete den Menschen aus dem Staub der Ackerscholle. In seine Nase blies er den Hauch des Lebens. So wurde der Mensch ein lebendiges Wesen. Und als der Mensch Gott verließ, sagt Gott: Im Schweiße deines Angesichts wirst du dein Brot verzehren, bis du zum Ackerboden zurückkehrst, von dem du genommen bist. Denn Staub bist du und zum Staub kehrst du zurück. Ge 2, 7. 3, 19

Von Gott gelöst
sind wir nur Staub
und ohne Wert.

Nur Gottes Hauch
macht uns lebendig, kostbar.
Jeder Hauch und jeder Atemzug kann uns erinnern,
an Gott erinnern,
der uns den Lebenshauch, das Leben schenkte.
Wir wollen einen Augenblick still auf unsern Atem achten,
einatmen und ausatmen
und Gott für das Geschenk des Lebens danken.
Stille

2. Teil: Die Erde in unserer Hand

Wir wollen Ihnen nun ein Stück Erde, ein Stück Ton austeilen.
Lied: Herr, sende, den du senden willst
Austeilen von Ton
Wir haben ein Stück Erde in unserer Hand.
Als wir den Ton verteilten, hat jemand gesagt:
Wir machen uns schmutzig.
Ich glaube: dieser Schmutz schadet uns nicht.
Schmutzig werden wir auf andere Weise.
So hat es jedenfalls Jesus gesehen:

Lesung aus dem Mattäusevangelium
Einmal kamen Schriftgelehrte und Pharisäer zu Jesus und fragten: Warum übertreten deine Jünger die Überlieferung der Alten und halten nicht die vorgeschriebenen Waschungen vor dem Essen? – Jesus rief das Volk zusammen und sagte: Hört und versteht: Nicht das, was in den Mund hineingeht, macht den Menschen schmutzig, sondern was aus dem Mund herauskommt, das macht den Menschen schmutzig, denn es kommt aus dem Herzen. Aus dem Herzen kommen böse Gedanken, Mord, Ehebruch, Diebstahl und Lüge. Das macht den Menschen schmutzig, unreine Hände aber nicht. Mt 15, 1f., 11, 18-20

Wir wollen nachdenken über den Schmutz, der aus unserem Innern kommt.

Jesus sagt, aus dem Herzen kommen böse Gedanken.
Über wen denke ich Böses?
Wem wünsche ich Böses?
Wen beneide ich?

Jesus sagt, aus dem Herzen kommen Mord und Gewalttat.
Wem tue ich Gewalt an – mit Wort oder Taten?
Tun wir den Kindern Gewalt an?
Tun wir Kollegen, Mitarbeitern Gewalt an?
Tun wir der Schöpfung Gewalt an?
Tun wir Konkurrenten oder Andersdenkenden, Andersartigen Gewalt an?

Jesus sagt, aus dem Herzen kommt Ehebruch.
Überdenken Sie Ihr Verhältnis zum Partner, zur Partnerin, Ihre Freundschaften.

Jesus sagt, aus dem Herzen kommt Diebstahl.
Und nicht nur Diebstahl, auch Gier und Geiz, das Alles-haben-wollen.
Überdenken wir unsere Einstellung zum Eigentum.

Jesus sagt, aus dem Herzen kommt die Lüge.
Wahrheit – Offenheit – gegenüber Partner, Partnerin, Kindern.
Wahrheit in der Politik, Ehrlichkeit im Geschäftsleben.
Wann spiele ich anderen etwas vor, mache ihnen etwas vor, glaube, lügen zu müssen?

Wir haben ein Stück Erde in unserer Hand.
Die Erde macht uns nicht schmutzig – aber wir verschmutzen die Erde.
Wir wollen nachdenken über unser Umweltverhalten:

Verschmutzte Erde
- durch Düngemittel,
- durch Insektenvernichtungsmittel,
- durch Wasch- und Reinigungsmittel.

Verschmutzte Erde
- durch gedankenlosen Umgang mit Müll:
  Papier, Flaschen, Batterien gehören nicht in die Mülltonne, Getränke aus wiederverwertbaren Flaschen zu kaufen, verhindert Müll, Getränke aus Dosen, aus Plastik, Plastikgeschirr beim Grillen, das zeigt Fehlverhalten.
- Kompostieren von pflanzlichen Abfällen.

Wo vermeide ich Müll?
Verschmutzen der Erde – und der Luft:
Autoabgase:
Den Motor nicht laufen lassen beim kurzen Einkauf,
den Vergaser richtig einstellen lassen,
bleifrei tanken,
bei Sprühdosen auf das Treibmittel achten.

Wir verschmutzen die Erde, die Luft – ein Stückweit unvermeidlich. Aber wo könnte ich ein wenig die Verschmutzung vermindern, vermeiden?

Stille

Lied: Wachet auf, GL 110

Wie Gott uns Menschen innerhalb seiner Schöpfung dachte, das beschreibt die Bibel in Bildern:

Lesung aus dem 1. Buch Mose
Gott, der Herr, bildete den Menschen aus dem Staub der Ackerscholle. In seine Nase blies er den Hauch des Lebens. Der Mensch wurde ein lebendiges Wesen.
Und Gott, der Herr, pflanzte einen Garten und setzte den Menschen hinein, den er gebildet hatte. Und Gott, der Herr, ließ aus dem Erdboden allerlei Bäume sprießen mit köstlichen Früchten. Und Gott, der Herr, nahm den Menschen und setzte ihn in den Garten, daß er ihn bebaue und erhalte. Und Gott, der Herr, bildete aus der Erde allerlei Tiere des Feldes und alle Vögel der Luft und brachte sie zum Menschen, um zu sehen, wie er sie benennen würde. Gen 2, 7-9. 15. 19

Gott pflanzt einen Garten, damit der Mensch die Schöpfung bebaue. Wie gehen wir mit Gottes Garten um?
Die Tiere, sie sind unsere Mitgeschöpfe. Wie verhalten wir uns Tieren gegenüber?
Wir haben ein Stück Erde in unserer Hand. Wir wollen nachdenken über das Stück Erde,
das wir bearbeiten – als Garten,
das wir bewohnen,
das wir in der Hand haben.
Wie gehen wir damit um?

Stille

Orgelmusik

3. Teil: Wir gestalten die Erde

Wir haben ein Stück Erde in unserer Hand.
Die Erde ist formbar und weich,
in unseren Händen
nimmt sie Gestalt an,
die Gestalt, die wir ihr geben.

Versuchen Sie, den Ton zu gestalten,
ihn zu drücken,
ihm eine Form zu geben,
die Form, die sie wünschen.

Aus ein wenig Erde
können wir etwas machen,
wenn wir es können,
ein Kunstwerk sogar.

Wir wollen nachdenken:
Wie gestalte ich mein Leben?
Was will ich daraus machen?

Stille

Der Gestaltung sind Grenzen gesetzt:
wenn wir ein Gefäß zu groß machen wollen,
werden die Wände zu dünn,
halten nicht. Wir können nicht beliebig formen.

Auch Menschen können wir nicht einfach formen:
Partner, Partnerin, Kinder.
Wie weit habe ich das Recht dazu?
Wo überfordere ich?
Was kann ich mit andern gemeinsam besser gestalten?

Gestaltung der Umwelt: Da gilt es, Grenzen zu beachten.
Wir sollen nicht alles tun, was wir glauben zu können.

Wir sind selbst von andern geformt, geprägt worden.
Es ist nicht unser Verdienst, daß wir sind, wie wir sind.
Viele haben uns geprägt,
Eltern – Freunde – Schule – Kirche – Beruf – Kollegen.

Wir wollen denen danken, die uns Gutes taten,
Verzeihung denen schenken, die uns beschädigten oder verformten.

Am besten lassen wir uns gestalten von dem, der uns schuf,
von seinem Willen.
Er geht ganz vorsichtig mit uns um.

Lied: O komm, o komm Emmanuel

4. Teil: Neugestaltung

Wir wollen umkehren – uns umformen lassen.
Der Prophet Jesaja vergleicht Gott in einem Gebet mit einem Töpfer. Wir wollen das Gebet in Abschnitten hören, uns selbst darin erkennen und mit Jesaja bekennen: Wir sind nur Ton, Gott ist der Töpfer.
Wir bitten ihn um Vergebung,
bitten ihn, unser Leben neu zu gestalten.

Bitte stehen Sie auf: Auf die einzelnen Verse antworten Sie mit dem Kehrvers: „Du bist unser Töpfer, Herr, denk nicht mehr an unsere Schuld."

1. Kein Ohr hat gehört, kein Auge gesehen
   einen Gott außer dir,
   der dem Gutes tut,
   der treu auf ihn hofft.

2. Komm den Menschen doch entgegen,
   die sich deiner Taten freuen,
   tritt für deren Rechte ein,
   die auf deinen Wegen gehen.

Kehrvers

1. Aber du bist zornig
   über unsere Sünden,
   denn von Anbeginn,
   sind wir von dir abgefallen.

2. Und wir wurden schmutzig – alle –
   unsere Gerechtigkeit
   ist wie ein besudeltes Kleid.

Kehrvers

1. Wie das Laub
   welkten wir dahin,
   unsere Schuld
   fegt uns wie der Sturm hinweg.

2. Niemand ruft dich an,
   keiner hält sich fest an dir;
   da hast du dein Antlitz abgewandt,
   überläßt uns unsrer eigenen Schuld.

Kehrvers

1. Und doch bist du unser Vater.
   Wir sind Ton,
   du bist unser Töpfer.
   Ja, wir alle sind deiner Hände Werk.

2. Herr, zürne doch nicht länger,
   denk nicht mehr an unsere Schuld.
   Blick doch einmal her,
   wir sind doch dein Volk!

Kehrvers — nach Jes 64

Vater unser im Himmel (singen)

Gott, wir bitten dich, gestalte und neu!
Werde Mensch in unserer irdischen Gestalt,
schaff uns neu wie im Anbeginn nach dem Bild deines Sohnes.
Der gütige Gott erbarme sich unser, er forme uns um und schenke uns den Hauch eines neuen Lebens.

Zum Schluß wollen auch wir etwas neu gestalten.
Hören wir zunächst Gottes Wort.

Lesung aus dem Buch des Propheten Jeremia
Weisung, die vom Herrn an Jeremia erging: Auf, geh zum Haus des Töpfers. Dort lasse ich dich meine Worte vernehmen. Da ging ich zum Haus des Töpfers; der war gerade bei der Arbeit an der Töpferscheibe. Mißriet ein Gefäß, das er in Arbeit hatte – wie das so geht beim Ton in des Töpfers Hand –, begann er erneut und machte ein anderes Gefäß daraus, wie es der Töpfer für recht befindet. Da erging das Wort des Herrn an mich: Kann ich nicht mit euch so machen, wie dieser Töpfer da, Volk Israel? So spricht der Herr: Wahrhaftig, wie der Lehm in der Hand des Töpfers, so seid ihr in meiner Hand. — Jer 18, 1-6

Bitte formen Sie den Ton in Ihrer Hand um,
formen Sie daraus einen einfachen, runden Stab, fingerdick,
und bringen Sie Ihren Stab,
Ihr Stück Erde,
sich selbst
nach vorn zum Altar!

Orgelmusik

Wenn die Teilnehmer ihren Stab abgeben, wird daraus eine Schale geformt. Beim Weggang stehen an den Seiten Waschschüsseln.

Aus einer Schale wurden viele Scherben,
schauen Sie: aus vielen Stäben
wurde eine Schale,
unsere gemeinsame Schale.

Die Schale ist offen und leer.
Wenn sie gebrannt ist,
kann sie gefüllt werden,
gefüllt von oben.

Die Schale soll ein Zeichen sein für unsere Gemeinde.
die sich geöffnet hat,
für andere Menschen,
für Gott.

Wir wollen Gott in seine Welt,
in unsere Gemeinde einladen:
daß er unsere Herzen erfüllt.

Lied: Nun sei uns willkommen

Verabschiedung

Die Schale unserer Gemeinde soll gebrannt und gelegentlich gefüllt werden mit Zeichen des Lebens.

Meine lieben Mitchristen, unsere Feier geht zu Ende.
Den Scherben, den Sie zu Beginn erhielten, tun Sie damit, was Sie wollen. Wenn er Ihnen nichts wert ist, werfen Sie ihn in die Abfalleimer am Ausgang. Wenn Sie wollen, nehmen Sie ihn als Erinnerung mit.

Wer will, kann auch ein Stück Ton mitnehmen nach Hause – und eine Schale daraus formen und noch einmal darüber nachdenken: Wir sind Ton in Gottes Hand.

Oder lassen Sie sich erinnern durch eine Postkarte und ein Gebet, das wir Ihnen mitgeben auf den Weg. Wir geben sie am Ausgang aus, wenn Sie noch soviel Geduld haben.

Es segne uns der gütige Gott, der Vater, der Sohn und der Heilige Geist. Amen

Gehet hin in Frieden

Orgelspiel

4 Frieden

Versöhnungsfeier im Advent

Übersicht

Lied: Sonne der Gerechtigkeit, GL 644, 1-2

Begrüßung

1. Teil: Frieden in unseren Herzen
Lesung aus dem Johannesevangelium (Jo 14 und 16)
Besinnung
Lied: Gib uns Frieden

2. Teil: Frieden mit den Nächsten
Lesung aus dem Brief an die Philipper (Phil 2, 1-4)
Besinnung
Lied: O Herr, verleih, GL 473, 3
oder: O Herr, mach mich zu einem Werkzeug

3. Teil: Frieden in der Welt
Lesung aus dem Lukasevangelium (Lk 19, 41-44)
Besinnung
Lied: Selig seid ihr

4. Teil: Frieden mit der Schöpfung
Lesung aus dem Buch Jesaja (Jes 35, 1-7)
Besinnung
Lied: Kleines Senfkorn Hoffnung

5. Teil: Frieden mit Gott
Lesung aus dem Brief an die Epheser (Eph 2, 13-18)
Besinnung
Lied: O ewiger Gott, wir bitten dich

Bekenntnis und Vergebungsbitte
Vater unser
Vergebungsbitte
Lied: Ich lobe meinen Gott
oder: Jeder knüpft am eignen Netz
Verabschiedung
Lied: Kündet allen in der Not, GL 106

Gottesdienst

Lied: Sonne der Gerechtigkeit, GL 644, 1-2

Begrüßung
Gerade zu Weihnachten wünschen wir uns Frieden: Frieden in der Familie und Frieden auf Erden, zumindest Waffenstillstand selbst in den Krisengebieten. Frieden kann ein Geschenk sein, Frieden kommt aber nicht ohne uns. Manchmal stören wir den Frieden, aber wir selbst können auch Frieden stiften, zumindest ein wenig zum Frieden beitragen. In diesem Bußgottesdienst wollen wir nachdenken über Frieden und Unfrieden

- in unseren Herzen,
- mit unseren Nächsten,

über den Frieden

- in der Welt,
- mit der Schöpfung
- und mit Gott.

Dies sind auch die fünf Teile unserer Besinnung.

Gebet
Gott, Frieden ist der Boden, auf dem Leben und Hoffnung wachsen. Der Frieden aber ist bedroht oder gestört – auch durch uns: durch unsere Blindheit und Gedankenlosigkeit, durch unsere Ungeduld und Bequemlichkeit. Öffne unsere Augen, damit wir erkennen, was unsere Schuld ist und was uns zum Frieden dient. So bitten wir durch Christus, unsern Herrn.

1. Teil: Frieden in unseren Herzen

Lesung aus dem Evangelium nach Johannes
Beim Abendmahl sagte Jesus: Wenn jemand mich liebt, wird er an meinem Wort festhalten. Mein Vater wird ihn lieben, und wir werden zu ihm kommen und bei ihm wohnen. Den Frieden hinterlasse ich euch, meinen Frieden gebe ich euch. Euer Herz beunruhige sich nicht und werde nicht mutlos. Ich habe zu euch gesprochen, damit ihr in mir Frieden habt. In der Welt seid ihr in Bedrängnis, aber habt Mut: Ich habe die Welt besiegt.

Jo 14, 23. 27; 16, 33

Besinnung

Meinen Frieden gebe ich euch, euer Herz beunruhige sich nicht und werde nicht mutlos.

Wir wollen uns besinnen auf den Frieden in unseren Herzen: Manchem fällt es schwer, auch nur eine Stunde mit sich selbst auszuhalten, ohne Fernsehen, ohne Musik, ohne irgendeine Ablenkung. Wie geht es Ihnen? Wie oft nehmen wir uns Zeit zum Nachdenken, zur Stille, zum Spazierengehen, zum Träumen?

In Hektik und Ablenkung finden wir keinen Frieden.

Frieden im Herzen verträgt sich nicht mit innerer Unzufriedenheit. Gibt es Bereiche, in denen wir oft unzufrieden mit uns sind? Welche sind das?

Unzufriedenheit durch den Blick auf andere, die weitergekommen sind oder mehr haben? Sind Sie neidisch auf die Erfolge der Nachbarskinder, schadenfroh bei deren Schwierigkeiten?

Unzufriedenheit kann da sein, wo wir an Grenzen stoßen, die Grenzen meiner körperlichen Leistungsfähigkeit, die Grenzen des von mir Machbaren. Neige ich dazu, mich zu überfordern? Welche dringenden Wünsche habe ich? Worauf kann ich nur schwer verzichten?

Unzufriedenheit wegen meiner Schwächen: Wo habe ich Schwächen? Wie gehe ich mit meinen Schwächen um? Verstecke ich sie? Belüge mich und andere? Erinnern Sie sich an einen Vorfall, bei dem Sie sich über Ihre Schwäche oder einen Fehler geärgert haben?

Frieden im Herzen kann gestört werden durch Ärger, den wir in uns hineinfressen, durch unausgesprochene Vorwürfe gegen andere: gegen Kinder oder Eltern, gegen Ehepartner oder Partnerin, Chef oder Mitarbeiter. Tragen wir, tragen Sie Groll gegen jemanden im Herzen?

Frieden im Herzen hängt bei mir auch von der Meinung anderer ab, von ihrer Zustimmung oder Ablehnung. Vielleicht ist es bei Ihnen ähnlich. Wie gehen Sie mit Kritik um?

Wir wollen uns noch eine Zeit in Stille besinnen auf den Frieden in unseren Herzen. Was nimmt uns den inneren Frieden?

Stille; dann Orgelspiel

Lied: Gib uns Frieden

2. Teil: Frieden mit den Nächsten

Lesung aus dem Brief an die Philipper
Schwestern und Brüder, wenn eine Ermahnung in Christus bei euch etwas gilt, ein Zuspruch aus Liebe, Gemeinschaft des Geistes, herzliche Zuneigung und Erbarmen, dann macht meine Freude dadurch vollkommen, daß ihr eines Sinnes seid, einander in Liebe verbunden, einmütig und einträchtig, daß ihr nichts aus Ehrgeiz und nichts aus Prahlerei tut. In Beschweidenheit schätze einer den anderen höher ein als sich selbst. Jeder achte nicht nur auf das eigene Wohl, sondern auch auf das des andern. Phil 2, 1-4

Besinnung
Seid eines Sinnes untereinander! Wir wollen uns besinnen auf unseren Frieden mit unseren Nächsten.
Frieden halten mit den Nächsten, das bedeutet gewiß nicht, jede Auseinandersetzung zu vermeiden, alles zuzugeben, alles zuzulassen, sich herauszuhalten. Frieden mit dem Nächsten, das verlangt, sich in die Lage des anderen zu versetzen. Nach Paulus: auch auf das Wohl der anderen zu achten und dafür einzutreten. Frieden mit den Nächsten zeigt sich in einem offenen und versöhnungsbereiten Umgang mit anderen.
Denken Sie nun mit mir nach über die verschiedenen Lebensbereiche, in denen wir unseren Nächsten am häufigsten begegnen:

Familie oder Hausgemeinschaft:
Wie steht es um den Frieden in Ihrem Haus? Gibt es Spannungen in Ihrer Ehe oder mit den Kindern? Vorwürfe, ausgesprochene oder nicht, Machtkämpfe, Nachtragen, Zappeln-lassen, Erpressen, den anderen oder die andere herabsetzen?

Erwartungen an Partner oder Partnerin, an die Kinder über das, was sie leisten müßten, und andernfalls Schuldzuweisungen, gibt es das Abladen von beruflichem Streß?

Das tagtägliche Zusammenleben mit anderen ist wirklich schwer, und vielen ist der Friede im Haus wichtig und sie leiden unter Unfrieden und Spannungen. Dabei sind sie bestimmt nicht an allem allein schuldig. Was könnten Sie persönlich als Ihren Beitrag zu einer besseren Atmosphäre in Ihrer Hausgemeinschaft tun?

Frieden an der Arbeitsstelle:
Es geht nicht darum, ob Menschen an ihrer Arbeitsstelle kämpfen für gerechten Lohn, um Schutz vor Schaden, um die Einhaltung von Sicherheitsbestimmungen oder um eine menschenwürdige

Behandlung eines jeden. Ich erinnere mich an das Buch von Günter Wallraff „Ganz unten": Wo Unrecht geschieht, dient der nicht dem Frieden, der schweigt. Es geht auch nicht darum, daß ein Chef eine gute Arbeitleistung verlangt. Das muß er ja auch im Interesse der Kunden oder Klienten. Kampf und Auseinandersetzung können dem Frieden dienen. Frieden im Betrieb – da geht es um solche Fragen:
Wie gehen wir, Sie und ich, mit Kollegen und Kolleginnen, Mitarbeiterinnen oder Mitarbeitern um? Wie mit der Chefin oder dem Chef? Mit Lehrlingen? Mit Kunden oder Besucherinnen und Besuchern? Ziel wäre, in jeder Person, die uns bei der Arbeit begegnet, einen Menschen, ein Geschöpf Gottes, die Schwester oder den Bruder zu sehen. In allen. Wann fällt uns das schwer?
Frieden an der Arbeitsstelle: Gnadenlose Konkurrenz im Betrieb oder in der Schule schafft eine feindliche Stimmung. Wie sieht es an Ihrer Arbeitsstelle, in Ihrer Schule aus? Und wenn es zu Auseinandersetzungen kommt, gibt es verschiedene Mittel, wie wir sie austragen können, ob wir andere z.B. bloßstellen, lächerlich machen, hereinlegen, hereinfallen lassen, warten lassen, unter Druck setzen...
Wir wollen nachdenken über Auseinandersetzungen im Zusammenhang mit unserer Arbeit. Wo haben wir selbst etwas falsch gemacht?

Frieden mit den Nächsten: im Verein, in Gruppen, in denen wir die Freizeit verbringen. Wo gab es Unfrieden und wir waren beteiligt?

Frieden mit den Nachbarn: Streit worüber? Lohnt sich das wirklich?

Frieden in der Gemeinde: im Ort, in der Pfarrei, zwischen Gruppen.

Mit wem leben wir in Unfrieden?
Was könnten wir tun, um den Streit beizulegen?

Wir wollen noch eine kurze Zeit in Stille nachdenken über den Frieden mit unseren Nächsten.

Stille; dann Orgelspiel

Lied: O Herr, verleih, GL 473, 3
oder: O Herr, mach mich zu einem Werkzeug

3. Teil: Frieden in der Welt

Lesung aus dem Evangelium nach Lukas

Als Jesus näher kam und die Stadt Jerusalem sah, weinte er über sie und sagte: Wenn doch auch du an diesem Tag erkannt hättest, was dir Frieden bringt. Jetzt aber bleibt es vor deinen Augen verborgen. Es wird eine Zeit kommen, in der deine Feinde rings um dich einen Wall aufwerfen, dich einschließen und von allen Seiten bedrängen. Sie werden dich und deine Kinder zerschmettern und keinen Stein auf dem anderen lassen, denn du hast die Zeit der Gnade nicht erkannt. Lk 19,41-44

Besinnung

Wir wollen nachdenken über den Frieden in der Welt.
Von Frieden oder Krieg in der Welt hängt heute unser aller Leben ab. Wenn wir da doch erkennen würden, was uns Frieden bringt!
Oft fühlen wir uns hilflos, wenn wir an die wahnsinnige Rüstung denken. Mancher erfährt von der Herstellung von Rüstungsmaterial im eigenen Betrieb und fragt: Was kann ich tun?
Wir fühlen uns ohnmächtig, wenn wir erleben, wie manche Hetze betreiben gegen Flüchtlinge, gegen Andersdenkende, gegen andere Völker. Was können wir da schon tun?
Das ist gewiß, wir dürfen nicht schweigen. Wir haben eine Stimme, eine Stimme am Stammtisch und an der Theke, eine Stimme im Kollegen- und Freundeskreis, eine Stimme, um zu protestieren oder zu werben für Benachteiligte. Wir haben eine Stimme bei Wahlen und tragen Verantwortung dafür, wem wir sie geben.
Überlegen Sie: Wo sind Sie persönlich im vergangenen Jahr eingetreten für Ausländer? Gegen Vorurteile über bestimmte Gruppen bei uns? Gegen die Weiterrüstung? Für eine gerechtere Wirtschaftsordnung? Von solchem Streit hat Jesus gesagt: Ich bin nicht gekommen, den Frieden zu bringen, sondern das Schwert.
Wo haben Sie für Frieden und Gerechtigkeit gekämpft?

Stille; dann Orgel

Lied: Selig seid ihr

4. Teil: Frieden mit der Schöpfung

Lesung aus dem Buch Jesaja

Die Wüste und das trockene Land sollen sich freuen, die Steppe soll jubeln und blühen. Man wird die Herrlichkeit des Herrn sehen, die Pracht unseres Gottes.

Sagt den Verzagten: Habt Mut, fürchtet euch nicht! Seht, hier ist euer Gott! Er selbst wird kommen und euch erretten. Dann werden die Augen der Blinden geöffnet, auch die Ohren der Tauben sind wieder offen. Dann springt der Lahme wie ein Hirsch, die Zunge des Stummen jauchzt auf. In der Wüste brechen Quellen hervor, und Bäche fließen in der Steppe. Der glühende Sand wird zum Teich und das durstige Land zu sprudelnden Quellen. Jes 35, 1-7

Besinnung
Die verwundete Schöpfung wird heil. Was unfruchtbar ist, trägt Blüten und Früchte. Wir wollen nachdenken über unseren Frieden mit der Schöpfung.
Papst Johannes Paul II. hat die Bewahrung der Schöpfung in einem Atemzug genannt mit Frieden und Gerechtigkeit. In unseren Tagen wird so mancher Krieg gegen Gottes Schöpfung geführt. Da gibt es die schweren Schädigungen durch Großbetriebe und Politiker, die gegenüber großen Firmen und Spendern allzu rücksichtsvoll sind, aber da gibt es auch den Kleinkrieg, der die Schöpfung zerstört: den Kleinkrieg mit UnkrautEx, chemischer Düngung und Insektenvernichtungsmitteln, den Kleinkrieg mit Reinigungsmitteln, FCKW und verbleitem Benzin. An Tschernobyl und der Rheinvergiftung können wir direkt wenig ändern. Aber wir alle können so manches tun.

Im Garten z.B., ohne Gifte, ohne Chemie, ohne Torf, durch das Belassen einer wilden Ecke, eines Steinhaufens.

In unserem Umgang mit Abfall, Papier, Glas, Weißblech, Batterien, Kompost.

Durch das Sparen von Energie, durch unsere Fahrweise, durch Verzicht auf hohe Raumtemperaturen, durch Verzicht auf manchen Luxus, auf Wegwerfprodukte.
Wir könnten manchmal zu Fuß gehen, Bus oder Bahn fahren.
Wir könnten andere aufmerksam machen auf Umweltschäden.
Wir könnten die Kinder Achtung lehren und das Staunen vor Gräsern, wilden Blumen, Insekten und der ganzen Vielfalt der Schöpfung.
Wenn wir nur weniger die Herren der Schöpfung spielten, und uns mehr als Teil der Schöpfung sähen, achtsamer wären!
Ich persönlich könnte noch manches tun – Sie auch?
Nehmen Sie sich doch jetzt vor, in irgendeinem Bereich Ihr Umweltverhalten zu ändern!

Stille; dann Orgel

Lied: Kleines Senfkorn Hoffnung

5. Teil: Frieden mit Gott

Lesung aus dem Brief an die Epheser
Schwestern und Brüder, jetzt seid ihr, die ihr einst in der Ferne wart, durch Jesus Christus in die Nähe gekommen. Denn er ist unser Friede. Er riß durch sein Sterben die trennende Wand der Feindschaft nieder. Er stiftete Frieden und versöhnte alle mit Gott. Er hat in seiner Person die Feindschaft getötet. Er kam und verkündete den Frieden: euch, den Fernen, und uns, den Nahen. Durch ihn haben wir gemeinsam in dem einen Geist Zugang zum Vater.

Eph 2, 13-18

Besinnung
Jesus Christus ist unser Friede. Er stiftete Frieden und versöhnte alle mit Gott. Wir wollen uns besinnen auf unseren Frieden mit Gott.
Zugegeben, manchmal kommt es uns so vor, als ob Gott ganz weit weg wäre. Oder wir wollen von ihm in Frieden gelassen werden oder erinnern uns an ihn erst, wenn nichts mehr geht. Doch Gott gab uns ein Gewissen, das uns sagt, was Unrecht ist, auch wenn wir es mit Entschuldigungen beruhigen wollen, etwa „Die anderen tun es ja auch, vielleicht noch viel schlimmer." Doch ein gutes Gewissen läßt keine Ruhe. Immer wieder erlebe ich, daß Menschen zu mir kommen und sagen: Ich will etwas in Ordnung bringen und meinen Frieden mit Gott machen. Sie vielleicht auch? Drückt Sie irgendwo Ihr Gewissen?
Unfrieden mit Gott fühlen Kranke, die Schmerzen haben oder um eine unheilbare Krankheit wissen; Eltern, deren Kind behindert ist oder die ein Kind verloren haben; Menschen, die anderes Schwere zu ertragen haben. Niemand darf sie verurteilen, wenn sie mit Gott hadern, aber ob es nicht für sie selbst gut wäre, ihren Frieden mit Gott zu machen?
Frieden mit Gott, das heißt auch: Gemeinschaft mit Gott im Gebet, im Gottesdienst, in der Bitte um Vergebung. Manche machen jeden Abend ihren Frieden mit Gott. Wie lebendig ist *Ihre* Beziehung zu Gott?
Frieden mit Gott ist nur möglich, wenn wir uns um Frieden mit den Nächsten bemühen. Nehmen wir unsere Nächsten mit hinein in unser Gebet? Versöhnung gelingt nicht immer, nicht einmal Jesus hat mit allen in Frieden leben können, aber das erspart uns ernstes Bemühen nicht. Paulus schreibt: Soweit es an euch liegt, haltet Frieden mit allen. Und im Vaterunser beten wir um Vergebung – und zwar im Maße unserer Vergebungsbereitschaft. So

wollen wir nachher wieder beten, zuerst wollen wir uns jedoch noch eine Zeit auf unseren Frieden mit Gott besinnen.
Haben wir Frieden mit Gott?

Stille; dann Orgel

Lied: O ewiger Gott, wir bitten dich

Bekenntnis und Vergebungsbitte
Wir wollen aufstehen und um Vergebung bitten. Auf die folgenden Vergebungsbitten antworten Sie alle: Schenk uns deinen Frieden!

Gott, unruhig ist unser Herz,
unzufrieden sind wir so oft mit uns selbst und mit anderen,
ohne Frieden, wenn wir nicht genügend anerkannt werden.
Schenk uns deinen Frieden!
Schenk uns deinen Frieden!

Gott, mit den Nächsten in Frieden zu leben ist manchmal schwer. In der Hausgemeinschaft, an der Arbeitsstelle, in Nachbarschaft, Verein und Gemeinde erleben wir auf vielfältige Weise Spannungen, Streit und Ungerechtigkeiten – und wir tragen manchmal selbst dazu bei.
Mach uns zu einem Werkzeug deines Friedens.
Schenk uns deinen Frieden!
Schenk uns deinen Frieden!

Gott, Unfrieden herrscht auf der Erde, Krieg, Streit, Unterdrükkung und Ungerechtigkeit. Wir tragen dazu bei durch mangelndes Interesse, durch Schweigen, durch Vorurteile oder Untätigkeit.
Weck uns auf!
Schenk uns deinen Frieden!
Schenk uns deinen Frieden!

Gott, deine Schöpfung wird vielfältig geschunden, vergiftet, zerstört, geplündert und verwüstet – auch durch unsere Gedankenlosigkeit und Bequemlichkeit.
Öffne unsere Augen und gib uns ein achtsames Herz!
Schenk uns deinen Frieden!
Schenk uns deinen Frieden!

Gott, du willst den Frieden. Dein Sohn Jesus hat uns Frieden gebracht und riß die trennenden Mauern zwischen den Menschen nieder. Er ist die Friedensbrücke zu dir.
Weil wir den Frieden nicht selber machen können, bitten wir dich:
Schenk uns deinen Frieden!
Schenk uns deinen Frieden!

Gemeinsam wollen wir das Vaterunser beten. Zum Zeichen unserer Friedensbereitschaft und Vergebungsbereitschaft reichen wir uns die Hände und bilden einen Kreis, eine Kette in der Kirche. Geben Sie Ihre Hände den Nächsten, denn gerade die Nächsten sind für den Frieden wichtig. Und gemeinsam mit den Nächsten und deren Nächsten kann eine große Friedenskette entstehen. Alle sollen einbezogen sein. In solcher Verbundenheit in Schuld und Versöhnungsbereitschaft sprechen wir

Vater unser...

Vergebungsbitte
Gott, der allmächtige Vater vergebe uns alles, womit wir schuldhaft den Frieden stören. Er führe uns Wege des Friedens.
Er gebe uns Worte des Friedens und der Versöhnung.
Der gütige Gott erbarme sich unser, er lasse uns die Sünden nach und führe uns zu einem Leben in Frieden.
Nachlaß, Vergebung und Verzeihung unserer Sünden schenke uns der gtige Gott: der Vater, der Sohn und der Heilige Geist.
Gehen Sie nun zurück an Ihren Platz.

Lied: Jeder knüpft am eigenen Netz
oder: Ich lobe meinen Gott

Verabschiedung
Zum Abschied eine Geschichte für die, die denken, daß sie alleine nichts für den Frieden tun können.
Eines Tages fragte die Tannenmeise die Wildtaube: „Sag mir, was wiegt eine Schneeflocke?" „Nicht mehr als ein Nichts", gab die Taube zur Antwort.
Es begann gerade zu schneien: nicht etwa heftig im Sturmgebraus, nein, wie im Traum, lautlos und ohne Schwere. Die Tannenmeise saß dicht am Stamm einer Fichte auf einem Ast – und da sie nichts besseres zu tun hatte, zählte sie die Schneeflocken, die auf den Ast, seine Zweige und Nadeln fielen und darauf hängenblieben. Genau 3.741.952 waren es. Als die 3.741.953. Flocke niederfiel – nicht mehr als ein Nichts – brach der Ast. Die Meise flog davon. Die Taube aber, seit Noahs Zeiten eine Spezialistin in Friedensfragen, sagte zu sich nach kurzem Nachdenken: „Vielleicht fehlt nur eines einzigen Menschen Stimme zum Frieden in der Welt."

Ich wünsche Ihnen einen guten Heimweg!
Gehet hin und stiftet Frieden!

Lied: Kündet allen in der Not, GL 106

5 Licht und Dunkel

Versöhnungsfeier im Advent

Vorbereitungen: Allen Teilnehmern wird beim Betreten der Kirche eine kleine Kerze gereicht, auch für Priester und Lektoren liegen Kerzen bereit. Im Altarraum brennt die Osterkerze. Auf dem Altar steht eine brennende Kerze, die mit einem Gerät während der Feier gelöscht wird. Die Kirche ist zu Beginn halbdunkel

Übersicht

Lied: Wachet auf, GL 110

1. Teil: Eine Kerze, die nicht brennt (verweigerte Liebe)
Lesung aus dem Lukasevangelium (Lk 12, 49)
Besinnung: verweigerte Liebe
Lied: Glanz strahl von der Krippe, GL 108, 4

2. Teil: Licht auslöschen
Lesung aus dem Matthäusevangelium (Mt 5, 13-16)
Besinnung: Liebe auslöschen
Lied: Gott, heiliger Schöpfer, GL 116

3. Teil: Finsternis
Lesung aus dem 1. Johannesbrief (1 Jo 1, 5-7, 2, 2-11)
Besinnung: unsere Dunkelheiten
was wir verstecken
Menschen auf der Schattenseite
Text: Legler
Lied: O komm, du wahres Licht
(= 2. Strophe von O komm, o komm, Emmanuel)

4. Teil: Licht vom Licht
Lesung aus dem Buch Jesaja (Jes 60, 1-3, 5)
Weitergabe des Lichtes
Lied: Kleiner Funke Hoffnung
Wo wir Licht weitergeben

Schuldbekenntnis und Vergebungsbitte
Vater unser
Botschaft der Vergebung
Lied: Heiligste Nacht
Verabschiedung
Lied: Wir sagen euch an, GL 115, 4

Gottesdienst

Lied: Wachet auf, GL 110

Begrüßung
Ich begrüße Sie herzlich zu unserer Versöhnungsfeier. Sie hat in diesem Jahr das Thema „Licht und Dunkel".
Wir wollen unser Leben im Licht der Botschaft Jesu sehen. Wir wollen vor dunklen Schatten auf unserem Leben die Augen nicht verschließen. Wir dürfen aber auch darauf vertrauen: Das Licht vertreibt das Dunkel, Gottes Licht, seine Wahrheit, seine Liebe überwindet unsere Schuld.

Gebet
Gott, dein Sohn Jesus hat gesagt: „Ich bin das Licht der Welt". Wir bitten dich: Sein Licht erleuchte unsere Welt und unsere Gedanken, damit wir erkennen, was recht ist vor dir und voreinander. So bitten wir durch Christus, unsern Herrn.

1. Teil: Eine Kerze, die nicht brennt (verweigerte Liebe)

Lesung aus dem Lukasevangelium
In jener Zeit sprach Jesus zu seinen Jüngern: Ich bin gekommen, um Feuer auf die Erde zu werfen.
Was will ich anders, als daß es brennt? Lk 12, 49

Besinnung
Eine Kerze, die nicht brennt, ist für mich ein Zeichen verweigerter Liebe.
Wir wollen darüber nachdenken, wo wir uns verweigern, für uns behalten – in Partnerschaft, Familie, Freundschaft;
unsere Zeit verweigern (ich habe keine Zeit), nicht zuhören, uns mehr für das Fernsehen als für die Sorgen des Partners oder der Partnerin oder Kinder interessieren,
wo wir einen Gruß verweigern.
Wo verweigern wir uns dem Nächsten?
Und wo verweigern wir uns den Fernen, weigern uns zu teilen?
Ich denke an den Hunger in der Welt.
Wo weigern wir uns, Ausländer bei uns als Menschen zu behandeln, weigern uns, Vorurteile aufzugeben?

Wir wollen in Stille darüber nachdenken, wo wir uns verweigern, festhalten, für uns behalten,
und wieviel wir verschenken – von uns.

Stille

Ohne Liebe, ohne daß wir uns verschenken, ist unser Leben glanzlos und grau.

Ein französischer Dichter hat es so ausgedrückt:
Es gibt viele Menschen, die beinahe sündlos leben. Ihr Leben fließt dahin im ruhigen Strom ihres Berufes und ihrer Familie. Sie erfüllen im großen ganzen Gottes Willen in ihrem Alltag. Und doch scheint uns ihr Leben schal, ohne Freude, ohne Licht. Es fehlt ihnen die Liebe. Sie sind wie ein gut gebauter Herd, in dem das Feuer erloschen ist. Sie sind anständige Menschen, anstatt Heilige zu sein. G. de Laurigandie

Lied: Glanz strahlt von der Krippe auf, GL 108, 4

2. Teil: Licht auslöschen

Lesung aus dem Matthäusevangelium

In jener Zeit sprach Jesus zu seinen Jüngern: Ihr seid das Licht der Welt. Niemand zündet ein Licht an und stülpt einen Topf darüber. Nein, man stellt es auf den Leuchter, dann leuchtet es allen im Haus. So soll euer Licht vor den Menschen leuchten. Mt 5, 13-16

Besinnung

Die Kerze, die Sie bekommen haben, wurde erst gar nicht angezündet. Manchmal löschen wir aber auch Licht, indem wir etwas darüberstülpen, z.B. einen Hut über die Kerze – dann bleibt ihr die Luft weg und sie erlischt.

Entsprechendes mit der Kerze auf dem Altar tun.

Wir können das Licht löschen – auch in uns. Das Licht der Liebe und der Begeisterung, indem wir etwas darüberstülpen, z.B. alle möglichen Sachen, mit denen wir uns eindecken, zudecken, so daß unserer Liebe die Luft ausgeht, und sie erlischt.

Wir wollen nachdenken über unseren Umgang mit dem Eigentum.
Wieviel haben wir? Wieviel teilen wir – über die Familie hinaus?
Was müssen wir unbedingt haben – welches Auto, welche Einrichtung, welche Kleidung, welche Platten, welche Sachen sonst?
Worauf verzichten wir?

Wir können das Licht löschen – auch durch Arbeit oder Betrieb, wenn wir uns zudecken mit Terminen, mit Aktivitäten, wenn wir dauernd etwas tun. Wir wollen nachdenken über unser Arbeiten. Wieviel Raum lassen wir fürs Nachdenken, für Stille, Gespräch und Leben mit anderen?

Wir können das Licht löschen – bei anderen. Indem wir sie überschütten mit Arbeit, mit Sachen, mit Vorwürfen, indem wir Druck machen, ihnen Lebensfreude und Unbekümmertheit nicht gönnen. Wir wollen nachdenken über unseren Umgang mit anderen. Wem nehmen wir die Luft? Wem machen wir Druck?

Stille

Lied: Gott, heiliger Schöpfer, GL 116

3. Teil: Finsternis

Lesung aus dem 1. Johannesbrief
Das ist die Botschaft, die wir von Jesus Christus gehört haben und euch verkünden: Gott ist Licht, und keine Finsternis ist in ihm. – Wenn wir sagen, daß wir Gemeinschaft mit ihm haben, und doch in der Finsternis leben, lügen wir und tun nicht die Wahrheit. Wenn wir im Licht leben, wie er im Licht ist, haben wir Gemeinschaft miteinander, und das Blut seines Sohnes Jesus reinigt uns von aller Sünde. Wer sagt, er sei im Licht, aber seinen Bruder haßt, ist noch in der Finsternis. Wer seinen Bruder liebt, bleibt im Licht: für ihn gibt es kein Straucheln.
Wer aber seinen Bruder, seine Schwester haßt, ist in der Finsternis. Er geht in der Finsternis und weiß nicht, wohin er geht, denn die Finsternis hat seine Augen blind gemacht. 1. Jo 1, 5-7. 2, 9-11)

Besinnung

Das Licht wird gelöscht

Es ist dunkel. – Dunkelheit kann uns Angst machen.
Wovor haben wir im Innern Angst?
Angst vor eigenem Versagen? Angst vor anderen Menschen?
Angst vor Krankheit, Sterben, Tod, Angst vor Gott?
Jesus sagt: Euer Herz sei ohne Angst! Glaubt an Gott und glaubt mir!
Weil unser Glaube schwach ist, weil wir Gott so wenig glauben, deshalb haben wir oft Angst.

Wir wollen nachdenken über unseren Glauben: Wie halten wir unseren Glauben lebendig? Durch Gebet und Gottesdienst? Durch Lesen der Heiligen Schrift?
Wer in der Finsternis lebt, weiß nicht, wohin er geht. Der Glaube will uns Orientierung mit Licht sein. Wie weit orientieren wir unser Leben an Jesu Botschaft: orientieren uns an Jesu Botschaft – auch in Familie, Betrieb, Verein und Politik?

Es ist dunkel.
Mancher lebt im Dunkeln.
In Dunkelheit lebt,
wer sich nicht verstanden fühlt,
wer nicht angenommen ist.
Dunkel der Einsamkeit.
Dunkel der Krankheit.
Dunkel der Abhängigkeit, der Sucht.
Dunkelheit dessen, der nicht mehr kann, der nicht mehr weiter weiß.
Dunkel der Orientierungslosigkeit, der Hoffnungslosigkeit.
Gibt es solches Dunkel von Unverstandensein, von Krankheit, von Abhängigkeit oder Hoffnungslosigkeit bei uns selbst?

Stille

Es ist dunkel. In der Dunkelheit können wir uns verstecken, unsere Fehler und Schwächen, unsere geheimen Absichten.
Gibt es Menschen, denen ich bewußt etwas vormache?
Welches Handeln von uns soll niemals bekannt werden, ans Tageslicht kommen?
Wo haben wir die Wahrheit verdunkelt – durch Ausreden, durch Lügen, aus Ärger?

Johannes schreibt: Wer seinen Bruder, seine Schwester haßt, lebt in der Finsternis. Seine Augen sind blind! Wir wollen darüber nachdenken, wen wir hassen – oder mit wem wir in Unfrieden leben.
Wir wollen uns fragen, wer unsere Liebe erwartet.

Stille

Es gibt Menschen auf der Schattenseite des Lebens, Menschen, die Schweres zu tragen haben – durch eigene Schuld oder nicht.
Behinderte, Ausländer, straffällig Gewordene, Sozialhilfeempfänger.
Die im Dunkel sehen wir oft nicht. Welche Menschen auf der Schattenseite kennen Sie? Und wie begegnen Sie Ihnen?

Wir wollen nachdenken über das Dunkel in unserem eigenen Leben, über unsere Schuld, unseren Unglauben, unsere Angst, unsere Lügen.

Wir wollen nachdenken über die Menschen auf der Schattenseite des Lebens und wie wir ihnen begegnen.

Stille

In der Nacht unserer Einsamkeit
erwarten wir das Licht eines Kommens.
In der Nacht unserer Ängste
erwarten wir das Licht eines Trostes.
In der Nacht unserer Unmenschlichkeit
erwarten wir das Licht einer Liebe.
In der Nacht unserer Lügen
erwarten wir das Licht der Wahrheit.
In der Nacht unserer Verzweiflung
erwarten wir das Licht einer Hoffnung.
In der Nacht unserer Schuld
erwarten wir das Licht einer Vergebung.
In der Nacht unserer Verlorenheit
erwarten wir das Licht der Rettung.
In der Nacht unserer Finsternisse
erwarten wir das Licht eines Lichtes.

nach Legler,
Die Feier der Versöhnung, Ulm 1976

Lied: O komm, du wahres Licht

Text vorsprechen, da es dunkel ist

4. Teil: Licht vom Licht

Lesung aus dem Buch Jesaja

Auf werde Licht, Jerusalem, denn es kommt dein Licht, und die Herrlichkeit des Herrn leuchtend auch über dir. Denn siehe: Finsternis bedeckt die Erde und Dunkel die Völker, doch über dir geht leuchtend der Herr auf, seine Herrlichkeit erscheint über dir. Völker wandern zu deinem Licht und Könige zu deinem strahlenden Glanz. Du wirst es sehen, und du wirst strahlen, dein Herz bebe vor Freude und öffnet sich weit. Jes 60, 1-3, 5

Besinnung
Wir wollen nun die Kerzen anzünden, das Licht weitergeben (von der Osterkerze aus).

Lied: Kleiner Funke Hoffnung

längeres Vorspiel, wenn alle Kerzen brennen: Text vorsprechen.

Das Licht weitergeben.
Es ist schön, Licht weiterzugeben.
Ein Licht der Hoffnung, so daß andere nicht verzweifeln.
Das Licht des Glaubens, so daß andere Halt finden.
Das Licht der Freude und das Licht der Wahrheit.
Das Licht der Liebe, so daß Einsamkeit überwunden wird.
Das Licht eines Besuches, einer Zärtlichkeit, einer Aufmerksamkeit.
Das Licht eines guten Wortes, eines Wortes der Anerkennung, der Freundschaft.
Das Licht weitergeben, das Licht des Lebens an Kinder, an eigene, an fremde, ihnen Leben und Zukunft ermöglichen, erhalten, ihnen Raum geben, Orientierungspunkt sein.

Wem haben wir in diesen Wochen ein solches Licht weitergegeben?

Überlegen Sie jetzt, wem Sie heute oder morgen ein Licht, eine Freude, Hoffnung, einen Besuch schenken können?

Stille

Licht weitergeben, das kann nur, wer selber Licht ist.
Wir wissen um das Dunkel in unseren Herzen,
wissen um das Dunkel von Angst und Schuld,
darum bitten wir Gott, daß sein Licht unser Dunkel überwindet.

Bekenntnis und Vergebungsbitte
Nach den folgenden Bekenntnissätzen antworten Sie jeweils:
Schenk uns dein Licht und offenbare deine Wahrheit!

Gott, du kennst uns. Vor dir brauchen wir uns nicht zu verstecken.
Wir bekennen vor dir unsere Schuld.

Gott, manchmal sind wir wie Kerzen, die nicht brennen:
wir verweigern uns unserer Aufgabe, unserem Nächsten,
wir behalten für uns.
Hilf uns!
Alle: Schenk uns dein Licht und offenbare deine Wahrheit.

Gott, manchmal decken wir uns ein mit Arbeit oder Sachen.
Das verstellt den Blick zu unserem Nächsten, die Liebe erlischt.
Hilf uns!
Alle: Schenk uns dein Licht und offenbare deine Wahrheit.

Gott, manchmal löschen wir das Licht der anderen:
löschen ihre Lebensfreude, Begeisterung oder Unbekümmertheit
durch unsere Vorwürfe, unseren Neid, unseren Druck.
Verzeih!
Alle: Schenk uns dein Licht und offenbare deine Wahrheit.

Gott, manchmal haben wir Angst,
unser Glaube ist schwach, unsere Augen sehen nicht weit,
da ergreift uns Unsicherheit und Verzagtheit.
Hilf uns!
Alle: Schenk uns dein Licht und offenbare deine Wahrheit.

Gott, manchmal ist es dunkel in uns,
wir werden schuldig, wir verstecken uns,
wir verdunkeln die Wahrheit.
Verzeih!
Alle: Schenk uns dein Licht und offenbare deine Wahrheit.

Gott, wir möchten Licht weitergeben –
und müßten doch erst selber Licht sein.
Hilf uns zu einem konsequenten christlichen Leben!
Alle: Schenk uns dein Licht und offenbare deine Wahrheit.

Vater unser

Botschaft der Vergebung

Gott, du hast Licht in unsere Finsternis gesandt, deinen Sohn Jesus Christus. Wir bitten dich: Sein Licht vertreibe alles Dunkel, alle Angst, alle Schuld. Seine Liebe überwinde unsere Kälte und unseren Haß. Seine Botschaft sei ein Leuchtturm der Hoffnung und Orientierung für unser Leben.
Er lasse uns zu Zeugen des Lichtes werden.
Der allmächtige Gott erbarme sich unser, er lasse uns die Sünden nach und führe uns zu einem neuen Leben.
Nachlaß, Vergebung und Verzeihung unserer Sünden schenke uns der allmächtige und barmherzige Gott: der Vater, der Sohn und der Heilige Geist.

Alle Lampen werden angezündet

Lied: Heiligste Nacht

Verabschiedung

Es ist noch nicht Weihnachten. Aber es kann jeden Tag Weihnachten werden. Es wird Weihnachten – jeden Tag, an dem wir das Licht aufnehmen, das in die Welt kam, an dem wir ein Licht entzünden, durch unser Tun, durch unser Wort, durch unser Leben.
Das Geheimnis des Lichtes, das vor 2000 Jahren in die Welt kam, feiern wir gemeinsam in der Heiligen Nacht, an Weihnachten.
Nehmen Sie von hier Ihre Kerze mit – auch wenn Sie diese Kerze nun auslöschen für kurze Zeit – sie kann Sie auch später, wenn Sie sie wieder anzünden, erinnern: Wir können Licht verbreiten.
Gehet hin in Frieden!

Lied: Wir sagen euch an, GL 115, 4 Str.

6 Stille und Lärm

Versöhnungsfeier im Advent

Übersicht

Einführung: Lärm
Gesang: Ich will gegen das Geläut
Begrüßung
Gebet

1. Teil: Lärm
Lesung aus der Apostelgeschichte (aus Apg 19)
Besinnung
Stille

2. Teil: Stille
Lesung aus dem Matthäusevangelium (aus Mt 14)
Besinnung; Orgelmusik
Lesung aus dem Buch der Weisheit (Weish 18, 14-15a)
Lied: Du, Herr, gabst uns

3. Teil: Schweigen
Einführung
Lesung aus dem Markusevangelium (Mk 9 33f)
Besinnung
Stille

4. Teil: Hören
Besinnung
Text von M. Quoist
Stille
Lied: Herr, gib uns Mut zum Hören, GL 52

5. Teil: Reden
Lesung aus dem Jakobusbrief (aus Jak 3-5)
Besinnung
Instrumentalmusik

6. Teil: Beten
Besinnung auf unser Beten
Vater unser
Vergebungsbitte

Verabschiedung
Lied: Gloria sei dir gesungen, GL 110, 3
Entlassung

Gottesdienst

Zu Beginn des Gottesdienstes erklingt laute, lärmende Musik; Sprecher machen pantomimische Mundbewegungen am Mikrofon: plötzliche Stille, da hinein:

Man versteht ja sein eigenes Wort nicht.
Und noch viel weniger Gottes Wort.

Stille

Lied: Ich will gegen das Geläut

Einführung
Herzlich willkommen zu dieser Stunde der Besinnung.
Es soll wirklich eine Stunde der Besinnung werden. Allen Lärm, allen Rummel, alles laute Getöne wollen wir draußen lassen und auch den Lärm, die Unruhe in uns abschalten. Wir wollen nachdenken über Lärm und Stille, über Schweigen, Hören und Reden.

Gebet
Gott, höre uns. Und sprich zu uns – in der Stille durch deinen Sohn Jesus Christus. Er ist dein Wort an uns – heute und in Ewigkeit.

1. Teil: Lärm

Im ersten Teil dieses Gottesdienstes wollen wir über Lärm nachdenken.
Dazu hören wir eine

Lesung aus der Apostelgeschichte
Paulus hatte in Ephesus die Botschaft Jesu verkündet. Darüber waren die Silberschmiede und Andenkenverkäufer am Tempel der Artemis wütend. Paulus schädigte ihr Geschäft. Wörtlich heißt es dann:
Die Silberschmiede von Ephesus gerieten in Wut und schrien. Die Aufregung teilte sich der ganzen Stadt mit, und alle stürmten einmütig ins Theater. Hier schrien die einen dies, die andern das. Die Versammlung war in wilder Aufregung, und die meisten wußten überhaupt nicht, wozu sie zusammengekommen waren. Alexander winkte mit der Hand und wollte das Volk aufklären. Als man aber erkannte, daß er ein Jude war, schrien alle wie aus einem Munde fast zwei Stunden lang. Paulus aber mußte heimlich Ephesus verlassen. Apg 19, 28-34

Besinnung

Paulus wurde niedergeschrien, er mußte flüchten. Sein Leben war in Gefahr. Auch wir flüchten manchmal vor Lärm, möchten flüchten, denn Geschrei und Lärm machen ganz schön kaputt, gefährden das Leben, nehmen die Lebensfreude.
Manche von uns leiden unter Lärm, unter dem Straßenlärm, dem Lärm in der Fabrikhalle, dem Lärm lauter Musik bei Nachbarn.
Wir wollen uns fragen, wen wir selbst durch Lärm belasten oder übertönen: Ich denke an die Hausgenossen, ich denke an alle die, die wir nicht zu Wort kommen lassen, die wir totreden, niederbrüllen oder auch nur stören.
Ich denke an den Lärm, den wir um uns selbst machen, um nichts: viel Lärm um nichts.
Ich frage, wo bin ich, wo sind wir taub – taub für andere, wollen oder können nicht mehr hören, tragen unsichtbaren Lärmschutz – um nicht zuhören zu müssen, machen uns zu mit lautem Betrieb, drehen auf, erschlagen lautstark andere, erschlagen lautstark unsere eigenen Fragen und Unsicherheiten, übertönen Gottes Botschaft an uns.
Wo sind wir am Lärm schuld?

Stille

2. Teil: Stille

Das Gegenteil von Lärm ist die Stille.
Jesu hat die Stille geschätzt. Hören Sie einen Abschnitt aus dem Matthäusevangelium:

Lesung aus dem Matthäusevangelium

Als Jesus all das hörte, fuhr er mit dem Boot in eine einsame Gegend, um allein zu sein. Aber die Leute in den Städten hörten davon und gingen ihm zu Fuß nach. Als er ausstieg und die vielen Menschen sah, hatte er Mitleid mit ihnen und heilte die Kranken. Er sprach zu ihnen und gab ihnen Brot. Dann forderte er seine Jünger auf, ins Boot zu steigen und ans andere Ufer zu fahren. Nachdem er die Leute verabschiedet hatte, stieg er auf einen Berg, um in der Einsamkeit zu beten. Spät am Abend war er immer noch allein auf dem Berg. Mt 14, 13 f., 22 f.

Besinnung

Wir wollen nachdenken über unseren Umgang mit der Stille – für uns und andere.

Wann habe ich selbst Augenblicke, Stunden der Stille?
Wann komme ich zur Ruhe? Bete in der Stille?
Kann ich allein sein?
Wir brauchen das Alleinsein, die Stille. Der französische Dichter Saint-Exupéry schreibt in seinem Buch „Die Stadt in der Wüste“: „Und ich erkannte, daß sie die Stille nötig hatten. Denn nur in der Stille kann die Wahrheit eines jeden Früchte ansetzen und Wurzeln schlagen.“
Stille ist wichtig – auch beim Zusammensein mit anderen.
Schweigend mit anderen zusammensein, sie verstehen – auch ohne Worte.
Andere in Ruhe lassen: den Elten ihre Ruhe gönnen, die jungen Leute mal in Ruhe lassen.
Still werden, schweigend beten: schweigen vor dem Großen.

Wir wollen nun gemeinsam eine Zeit der Stille erleben und uns in der Stille öffnen für Gott.

Stille; evtl. leise Orgelmusik: O du stille Zeit.

Lesung aus dem Buch der Weisheit
Als tiefes Schweigen das All umfing, und die Nacht bis zur Mitte gelangt war, da sprang dein mächtiges Wort vom Himmel.

Weish 18, 14-15 a

Lied: Du, Herr, gabst uns

3. Teil: Schweigen

Einführung
Im dritten Teil unseres Gottesdienstes möchte ich mit Ihnen nachdenken über unser Schweigen.
Unser Schweigen – ich meine damit nicht die Stille, die uns guttut, sondern das Schweigen, das lastet, belastet:

Kennen Sie das,
- das Schweigen, wenn wir uns mit anderen nichts zu sagen haben,
- das Schweigen der Langeweile und Gedankenlosigkeit,
- das Schweigen aus Hoffnungslosigkeit oder Feigheit,
- das Schweigen der Verachtung,
- das Schweigen als Druckmittel, als Waffe: das Totschweigen,
- das feindselige Schweigen nach einem Streit: die stillen Vorwürfe?

Lesung aus dem Markusevangelium

Sie kamen nach Kafarnaum. Als er dann im Haus war, fragte er sie: Worüber habt ihr unterwegs gesprochen? Sie schwiegen, denn sie hatten unterwegs darüber gestritten, wer von ihnen der Größte sei. Mk 9, 33 f.

Besinnung

Wir wollen uns fragen:
Gibt es jemand in unserer Nähe, mit dem oder mit der wir nicht mehr reden, weil wir uns gestritten haben?
Weil wir groß und wichtig sind, und er oder sie nicht der Rede wert ist?
Weil wir ihm oder ihr böse sind?

Gibt es da eine Mauer des Schweigens in Ihrer Familie?
- aus Angst,
- aus vermeintlicher Rücksicht,
- aus Bequemlichkeit?

Was bereden Sie mit Ihrem Ehepartner, Ihrer Partnerin, Ihren Kindern und welche kritischen Dinge werden totgeschwiegen bei Ihnen zu Hause, im Betrieb, in unserer Gemeinde?

Erinnern Sie sich, daß Sie verstummt sind, als jemand dazukam?

Sind wir anderen noch eine Antwort schuldig? Ein Wort der Anerkennung z.B., ein Wort freundschaftlicher Kritik. Wer in unserer Nähe ist vielleicht hungrig nach einem guten Wort?

Beten – das ist sprechen oder schweigen vor Gott. Ist da bei uns ein Schweigen aus Unglaube – weil wir nichts zu sagen haben, weil Gott nicht der Rede wert ist?

Wir wollen darüber nachdenken, wem wir ein gutes Wort schuldig sind – wo unser Schweigen Schuld ist.

Stille

4. Teil: Hören

Besinnung

Wir wollen uns besinnen auf unser Hören.
Viele Prophetenworte des Volkes Israel beginnen so: Höre, Israel, so spricht der Herr!
Und Samuel bittet Gott: Rede, Herr, dein Diener hört.

Bei manchen Menschen fällt mir das Zuhören schwer, bin ich ungeduldig. Wem können Sie schlecht zuhören?
Wie ist es mit dem Zuhören bei Kindern? Bei Mitarbeitern? Bei Antragstellern, Bittstellern? Lassen wir sie zu Wort kommen oder wissen wir schon, was kommt, brauchen sie gar nicht ausreden zu lassen? Ich kann nicht mit einem Ohr das Fernsehen verfolgen und mit dem anderen wirklich zuhören. Wie halten Sie es?
Auf andere hören – auf wen hören wir?
Vielleicht haben Menschen in unserer Nähe unausgesprochene Bitten…

Hören auf Gottes Wort, das heißt: sich in der Stille öffnen, aufnehmen und daraus handeln. Oder kennen wir sowieso schon alles – und wissen ohnehin, was geht und was nicht?

Hören Sie ein Gebet von Michael Quoist:
Herr, verzeih,
ich habe ein Selbstgespräch geführt und nicht Zwiesprache gehalten.
Ich habe meine Gedanken aufgedrängt und nicht ausgetauscht.
Weil ich nicht zugehört habe, habe ich nichts erfahren.
Weil ich nicht zugehört habe, habe ich nichts gegeben.
Weil ich nicht zugehört habe, habe ich kein Band geknüpft.
Weil ich nicht zugehört habe…
Das ist es.

aus: M. Quoist,
Herr da bin ich, Verlag Styria.

Stille

Lied: Herr, gib uns Mut zum Hören, GL 521

5. Teil: Reden

Wer gut zuhört, findet auch das rechte Wort, hat etwas zu sagen. Wir wollen nachdenken über unser Reden.

Lesung aus dem Jakobusbrief
Wer sich in seinen Worten nicht verfehlt, ist ein vollkommener Mensch und kann auch seinen Körper beherrschen.
Die Zunge ist nur ein kleines Glied des Körpers und kann doch große Dinge bewirken. Sie ist ein ruheloses Glied voll von tödlichem Gift. Mit ihr preisen wir den Herrn und Vater, und mit ihr verfluchen wir die Menschen, die Gott geschaffen. Aus ein und demselben Mund kommen Segen und Fluch. Meine Brüder und Schwestern, so darf es nicht sein.

Verleumdet einander nicht, Brüder und Schwestern. Wer bist du, daß du über den Nächsten richtest? Ihr prahlt voll Übermut, doch alles Prahlen ist schlecht. Klagt nicht übereinander! Vor allem schwört nicht: Euer Ja soll ein Ja sein und euer Nein ein Nein. Ist einer von euch bedrückt? Dann soll er beten. Ist einer fröhlich? Dann soll er ein Loblied singen. Jak 3-5

Besinnung

Jakobus macht uns aufmerksam, auf unbeherrschtes Reden, Reden im Zorn, Reden aus Ärger oder um zu ärgern, über andere reden, richten, klagen übereinander, verleumden, bloßstellen.
Jakobus macht uns aufmerksam auf unwahrhaftiges Reden: hier so und anderswo anders, fromme Sprüche und harte Worte, drumherumreden, Jein sagen, viele belanglose Worte, leeres Gerede.
Manchmal denke ich: Was du eben gesagt hast, das hättest du besser nicht gesagt. Sie auch?

Unser Reden kann auch anders sein:
- Wir bitten um Vergebung – einander, Gott;
- wir sagen ein freundliches Wort dem, der uns verletzte,
- wir trösten, ermutigen,
- wir sprechen uns aus,
- wir nehmen Anteil, geben Anteil,
- wir danken – wem? und wofür?
- wir erkennen an – wen?
- wir treten ein für jemand, entschuldigen, verteidigen ihn,
- wir sprechen freundlich ein Wort der Kritik, sind offen,
- wir antworten:

Reden wir so?

Wir wollen uns besinnen, mit wem wir reden:
- mit dem Partner, der Partnerin:
  über seine / ihre Sorgen,
  über die Erziehung,
  über Beruf, Erfolg und Enttäuschung;
- mit den Kindern:
  über ihre Probleme,
  über ihre Sicht der Dinge.
  Nehmen Sie sich Zeit?
  Nehmen Sie die Kinder ernst?
- mit Nachbarn und Kollegen und Mitarbeitern.

Mit wem reden wir – und wie?

Instrumentalmusik

6. Teil: Beten

Jakobus schreibt: Ist einer von euch bedrückt? Dann soll er beten. Wir denken nach über unser Beten, unser Reden mit Gott, unser Reden von Gott.
Beten fällt uns manchmal nicht leicht.
Als die Jünger Jesus fragten: Wie sollen wir beten, schenkt er ihnen das Vater unser.
So wollen wir nachher miteinander sprechen, zu Gott sprechen, wollen ihn um Vergebung bitten

- für unser Lärmen,
- für unser eisiges Schweigen,
- für unser falsches Reden.

Wollen um Vergebung bitten – wie auch wir vergeben: vergeben denen, die uns stören, denen, die uns durch Schweigen oder Worte verletzten.
So wollen wir also beten.

Vater unser

Ein Wort kann viel bedeuten. Das Jawort z.B., das Sie gaben oder hörten. Jemand hat gesagt: Von einem guten Wort kann man drei Monate leben.
Ein Wort kann wirklich glücklich machen, ein Wort der Anerkennung, der Vergebung. Ein Wort, das aus Ungewißheit und von Angst befreit. Sprich nur ein Wort, sagt der Hauptmann zu Jesus. Ihm und allen, die bitten, sagt Jesus: Geh hin, dein Glaube hat dir geholfen. Oder: Deine Sünden sind dir vergeben.
Das gilt auch für uns.

Vergebungsbitte
Gott, du vergibst uns,
du erkennst uns an,
du sagst zu uns ja.
Dein Wort gilt.
Nachlaß, Vergebung und Verzeihung unserer Sünden schenke uns der allmächtige Gott: der Vater, der Sohn und der Heilige Geist.

Weil unsere Worte oft so dürr und trocken sind, darum wollen wir nun singen:

Lied: Gloria sei dir gesungen, GL 110, 3

Verabschiedung
Gehet hin in Frieden.

7 Hände

Versöhnungsfeier in der Fastenzeit

Übersicht

1. Teil: Betrachten der eigenen Hand: die Hand als Spiegel (Individuum und Gemeinschaft)
Die eigene Hand
Fünf Finger – eine Hand
Lied: O Gott, streck aus, GL 306, 1

2. Teil: Streicheln (Einstellung zum Nächsten I)
Kindersegnung
Hand auf die Schulter legen
mit der Hand fühlen
unsere Zärtlichkeit zu den Nahen
Lied: O mein Christ

3. Teil: Faust (Einstellung zum Nächsten II)
Herodes legte Hand an Johannes d. T.
Fäuste ballen: Gewalt antun
mit Fingern verletzen

4. Teil: Nehmen (Eigentum)
Almosen geben: Rechte – Linke
Einstellung zum Eigentum
Bereitschaft zum Teilen
Lied: Wenn das Brot, GL

5. Teil: In die Hand nehmen (Arbeit)
Unsere Arbeit
Unsere Mitarbeiter, Handwerker, Handarbeiter, Arbeitslose

6. Teil: Die Hände in Unschuld waschen (Verantwortung)
Pilatus
Verantwortung abschieben
Lied: O du hochheilig Kreuze, GL 182 1+2

7. Teil: In Gottes Hand (Glaube)
David
Unser Glaube
Lied: Erbarm dich, Herr

8. Teil: Bekenntnis und Vergebungsbitten
Schuldbekenntnis
Vater unser
Vergebungsbitte bei geöffneten Händen
Friedenskette mit Lied: O Herr, verleih, GL 573, 3

9. Teil: Ausklang
Kleine Hand – große Hand
Hand in Hand
Lied: Herr, du bist Gott, GL 304, 3

Lied: Heb die Augen

Gottesdienst

1. Teil: Unsere Hand

Unsere Versöhnungsfeier steht diesmal unter dem Thema „Hände". Schauen Sie sich zu Beginn eine Ihrer Hände an: Die Hand ist Spiegel unserer Person:

- Die Handfläche. Sehen Sie die Linien?
  Manche sprechen von einer Lebenslinie und von einer Todeslinie.
  Ganz individuell verlaufen die Linien – und sagen etwas über uns für den, der darin lesen kann.
- Die Finger. Jeder ist anders in Größe und Dicke:
  Daumen, Zeigefinger, Mittelfinger, Ringfinger, kleiner Finger.

Fünf Finger – eine Hand.
Fünf Finger gehören zu einer Hand – oder es wäre schmerzlich eine Lücke entstanden. Fünf verschiedene Finger gehören zusammen. Ein Finger allein könnte nicht einmal schreiben und kaum etwas greifen.
In vielen Lebensbereichen ist es nicht anders.
Einer, eine allein bringt wenig zustande. Da ist Zusammenarbeit oder Zusammengehörigkeit nötig

- in Betrieb und Familie,
- in Kirche und Gesellschaft.

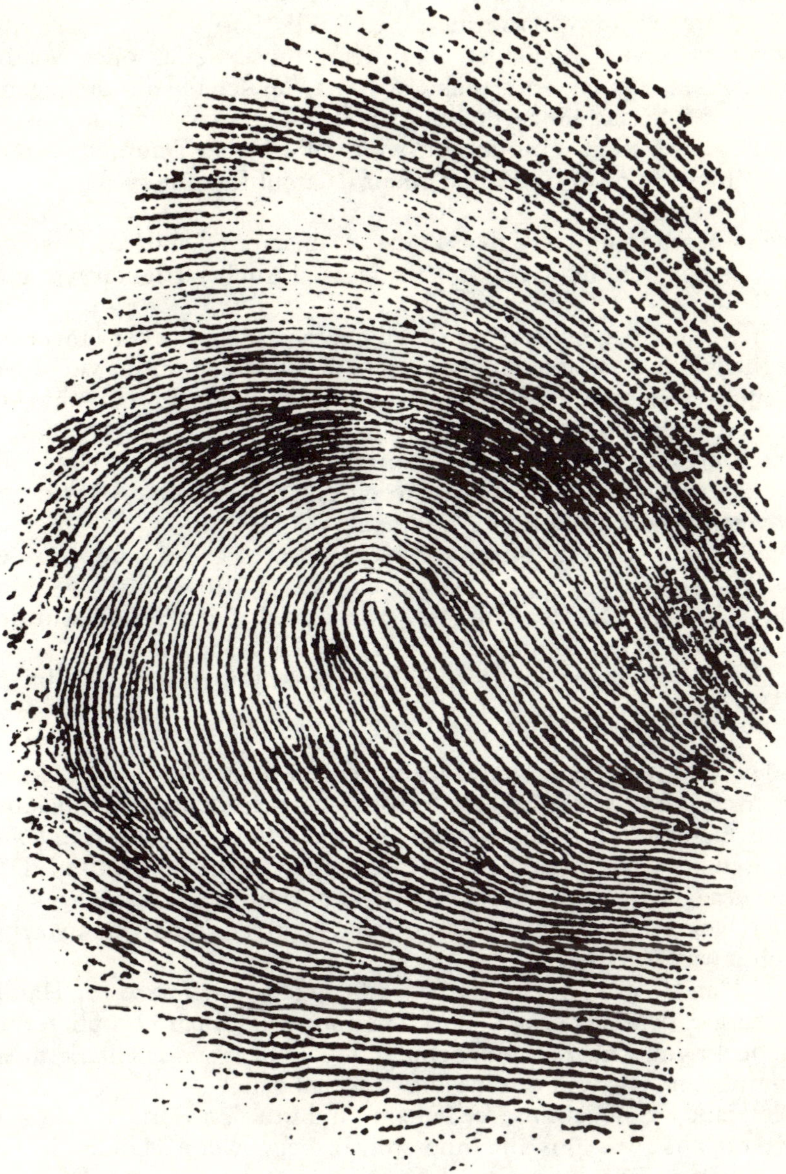

Wer meint, Daumen drauf, auf die schwächeren Glieder kann man verzichten, verstümmelt die ganze Hand.
Wer für das Recht der Stärkeren eintritt und die schwächeren Glieder einer Gesellschaft – die Kinder und die Behinderten und die Alten – abtut, verstümmelt die Gesellschaft.
Wer fordert, die Ausländer oder die Homosexuellen oder wer irgendwie anders ist, solle sich anpassen, der schaue auf die eigene Hand: der kleine Finger kann sich dem Daumen nicht anpassen, und es wäre nicht einmal gut, wenn alle Finger Daumen wären. Verschiedenheit in Gemeinsamkeit – darauf kommt es an.
Wir fragen uns:
Wem bestreiten wir einen Platz in unserem Land, in unseren Gottesdiensten und Gemeinden – wessen Andersartigkeit regt uns auf?
Achten Sie noch einmal auf den einzelnen Finger; jeder Finger ist gegliedert und gerade dadurch brauchbar – wie könnten wir sonst greifen? Wie beweglich sind wir – geistig? Sind wir es nicht, begreifen wir nichts.
Die Fingerkuppe, etwa des Daumens, von ihr wird der Fingerabdruck genommen. Er ist unverwechselbar, einmalig – so wie wir unverwechselbar, einmalig sind.
Die Hand ist Spiegel unserer Person, unseres Lebens, unserer Lebensweise.
Die Hand des Kfz-Mechanikers ist anders als die des Goldschmiedes, die Hand des Künstlers anders als die der Putzfrau.
Früher hat man die Hände verehrter Menschen geküßt, gesalbt.

Drehen Sie die Hand um.

Jede Hand hat einen Handrücken, eine Rückseite – so wie jeder Mensch eine Kehrseite, eine verborgene Seite, zunächst unsichtbare Eigenheiten hat. Schauen Sie die Rückseite der Hand an: Vielleicht sehen Sie die Adern, die die Hand lebendig halten. Die Fingernägel als Schutzkappe, vielleicht schmutzig – oder abgekaut oder lackiert oder abgebrochen oder gepflegt. Auch daran zeigt sich etwas von uns.
Jede Hand – ein Kunstwerk! Es gibt eigene Fachärzte für Handchirurgie, denn unter der Haut ist ein unvorstellbar kompliziertes Geflecht von Knochen und Sehnen und Bändern und Gelenken. So kompliziert wie wir, unser Herz, unsere Seele.
Die Hand – Spiegel unserer Person, und mit den Händen drücken wir oft aus, was uns im Innersten bewegt, wenn Hände zittern oder sich zu Fäusten ballen.

Die Hand sagt viel über uns. Deshalb sollen unsere Hände uns heute zur Besinnung helfen über uns selbst.
Schauen Sie noch eine Zeit Ihre Hände an – was sagen sie Ihnen?

Stille

Lied: O Gott, streck aus, GL 306, 1

2. Teil: Streicheln

Aus dem Evangelium nach Markus
Die Leute brachten Kinder zu Jesus, damit er sie berühre. Die Jünger aber wiesen sie schroff ab. Als Jesus das sah, wurde er ärgerlich und sagte zu ihnen: Hindert sie nicht daran! Denn Menschen wir ihnen gehört das Reich Gottes – Und er nahm die Kinder in seine Arme, dann legte er ihnen die *Hände* auf und segnete sie. Mk 10, 13 f., 16

Jesus legt den Kindern die Hände auf, Jesus umarmt und streichelt sie; in anderen Evangelien können wir lesen: Jesus berührt einen Aussätzigen, Jesus läßt sich von einer blutflüssigen Frau berühren.
In diesem Teil unserer Besinnung soll es um die liebevolle Handreichung, ums Streicheln und Zärtlichkeit gehen.
Legen Sie eine Hand auf die Schulter oder den Arm der Banknachbarn: Wie berührt es Sie?
Jesus läßt sich anrühren und berührt: Das verbindet und heilt.
Nehmen Sie Ihre Hand zurück!
Die Hand berührt – fühlt – spürt.
Wir wollen von dem Blinden lernen, mit unserer Hand zu fühlen:
Nehmen Sie dazu eine Hand und fahren Sie mit einer Fingerkuppe der anderen Hand langsam an ihr entlang.
Bitten Sie einen Banknachbarn, seine Hand anschauen und entlangfahren zu dürfen.
Blinde ertasten, erfühlen, begreifen mit den Händen. Vielleicht sind wir manchmal blind, sollten sehen, was mit den Händen zu greifen, zu begreifen ist.
Legen Sie Ihre Hände vor sich.

Wir wollen uns besinnen auf unser Zusammenleben mit den Menschen, die uns nahe stehen.
- Ehepartner und Freunde – wie einfühlsam gehen wir miteinander um?
  Sind Zärtlichkeiten leer oder längst aufgegeben?

- Kinder – Kinder brauchen handgreifliche Nähe.
  Kinder streicheln gern Tiere – lebendige ebenso wie Stofftiere. Ebenso nötig sind die Streicheleinheiten – wörtlich oder übertragen – durch Erwachsene.
- Kranke – das beste und letzte, was Angehörige Kranken oder Sterbenden geben können, ist: die Hand zu halten.
- Die Hand, die wir zur herzlichen Begrüßung reichen,
  die Hand, die liebevoll und einfühlsam berührt, ist gewiß anders als die grapschende Hand.
- Die Hand, die tröstend streichelt, die Hand, die Alten oder Behinderten zur Hand ist.

Unsere Hand kann Liebe und Verbundenheit ausdrücken. Wir wollen uns darauf besinnen, wann unsere Hand Liebe ausdrückt, wem gegenüber, wem wir unsere Hand verweigern – und nicht nur unsere Hand, sondern unser Herz, unsere Liebe.

Stille

Lied: O mein Christ

3. Teil: Die Faust

Aus dem Evangelium nach Matthäus
Herodes hatte an Johannes *Hand* angelegt; er ließ ihn fesseln und ins Gefängnis werfen. Schuld daran war Herodias, die Frau seines Bruders. Johannes hatte zu Herodes gesagt: Du hast nicht das Recht, sie zur Frau zu nehmen. Der König wollte ihn deswegen töten lassen, fürchtete sich aber vor dem Volk; denn die Leute hielten Johannes für einen Propheten. Mt 14, 3-5

Herodes legt Hand an, wird handgreiflich.
Hände können gewalttätig sein.
Wenn die Hand zur Faust wird,
und jemand mit der Faust auf den Tisch schlägt.
Machen Sie jetzt eine Faust!

Zeit lassen

Die Faust hat wenig Gespür.
Wenn wir lange eine Faust machen, schmerzt es, so wie die Faust Schmerzen zufügt.
Wir wollen darüber nachdenken, wem wir Gewalt antun – Schläge für Kinder, für die Frau sind immer ungerecht.
Fäuste verletzen mit roher Gewalt, Finger vielleicht auf andere Weise.

Wenn wir mit Fingern auf jemanden zeigen:
– haben wir vor anderen einen Schwächeren bloßgestellt?
Wenn wir den Daumen drauf halten
– unterdrücken wir jemand in seiner Entfaltung?
Wenn wir andere im Griff haben wollen
– das hindert sie in ihrer Selbstbestimmung!
Wenn wir uns die Hände reiben, wenn andere zu Schaden kommen – wen haben wir verletzt oder geschlagen – handgreiflich oder mit Worten?

Lösen Sie nun Ihre Faust!

Stille

4. Teil: Nehmen und Geben

Aus dem Evangelium nach Matthäus
Wenn du eine Spende gibst, laß es nicht vor dir herposaunen, wie es die Heuchler in den Synagogen und auf den Gassen tun, um von den Leuten gelobt zu werden.
Sie haben ihren Lohn bereits erhalten. Wenn du eine Spende gibst, soll deine linke Hand nicht wissen, was die rechte tut. Mt 6,2f.

Hände haben mit Haben-wollen, mit Besitz zu tun:
Hände greifen, ergreifen, nehmen in Besitz. Wenn jemand stiehlt, so sagen wir: Er hat lange Finger. Im Iran wird Dieben die Hand abgehackt.
Doch die Gier steckt nicht in der Hand, sondern kommt aus dem Herzen, die Hand ist nur Werkzeug.
Sie kann nehmen, anderen wegnehmen, sich zum Essen nehmen, an sich reißen und festhalten – und sie kann teilen und geben.
Hände weg – von unserem Eigentum, das ist selbstverständlich.
„Hände weg" soll ebenso gelten, wenn das zerstört wird, was allen gehört, Luft und Wasser,
„Hände weg", wenn die Güter der Dritten Welt ausgebeutet und verschleudert werden.
Wir wollen nachdenken über unseren Umgang mit irdischen Gütern: ob wir uns zu Unrecht Vorteile verschaffen...
ob wir zuviel nehmen, zuwenig geben.
Was will ich unbedingt haben?
Was geben Sie den eigenen Kindern, Verwandten und Mitarbeitern, den Benachteiligten – bei uns und in der Welt?
Wieviel geben wir – und in welcher Gesinnung?

Jesus empfiehlt, daß die Linke nicht weiß, was die Rechte tut – so unauffällig sollen wir geben: Wie großzügig und bescheiden sind wir?
Übrigens, wer etwas für sich festhält, macht eine Faust. Gier und Gewalt sind Geschwister.
Wir denken nach über unsere Einstellung zum Eigentum.

Stille

Lied: Wenn das Brot.

5. Teil: In die Hand nehmen

Herr, segne unser Hände Werk –
so beten Gläubige seit über 3000 Jahren.
Wir denken nach über unserer Hände Arbeit.
Über die eigene Arbeit – hat unsere Arbeit Hand und Fuß?
Was machen wir gut, was schlecht?
Über die Arbeit anderer –
mißbrauchen wir andere als bloße Handlanger?
Legen wir selbst mit Hand an?
Und wenn wir alle Hände voll zu tun haben, im Haushalt oder Beruf, wie ist es mit Ungeduld und schlechter Laune – gerade denen gegenüber, die zwei linke Hände haben?
Und wer geistig arbeitet – ist der etwas Besseres als ein Handwerker?
Und wer im Büro sitzt – wieso auf die im blauen Kittel herabschauen, die sich die Hände schmutzig machen? –

Wie denken wir über Arbeitslose?
Wer arbeitet, muß auch aus der Hand geben können, einmal wenn er in Rente geht, aber auch vorher nicht alle Fäden in der Hand halten, sondern in die Hände von Mitarbeitern geben. Darin zeigt sich, wie wichtig wir uns selbst und wie wichtig wir andere nehmen. Wie beurteilen Sie sich da selbst?
Wir denken nach über unsere Arbeit –
und unsere Einstellung zu Mitarbeitern –
und zur Arbeit der anderen.

Stille

6. Teil: Die Hände in Unschuld waschen

Aus dem Evangelium nach Matthäus

Pilatus wußte, daß sie Jesus nur aus Neid an ihn ausgeliefert hatten. – Während Pilatus auf dem Richterstuhl saß, ließ seine Frau ihm sagen: Laß die *Hände* von diesem Mann, er ist unschuldig.
Pilatus aber fragte die Hohenpriester und Ältesten: Was soll ich mit Jesus tun, den man den Messias nennt? Da schrien alle: Ans Kreuz mit ihm! Als Pilatus sah, daß er nichts erreichte, sondern daß der Tumult immer größer wurde, ließ er Wasser bringen, wusch sich vor allen Leuten die *Hände* und sagte: Ich bin unschuldig am Blut dieses Menschen. Dann gab er den Befehl, Jesus zu geißeln und zu kreuzigen. aus Mt 27, 18-26

Hände zeigen unsere Einstellung zu Schuld und Vergebung: jemand will mit der Sache nichts zu tun haben, er wäscht seine Hände angeblich in Unschuld.
Eine Hand wäscht die andere.
Mir waren die Hände gebunden, als ich dies tat.
Das ist wohl die falsche Art, Schuld abzuschieben oder gemeinsam zu vertuschen.
Wo schieben wir Verantwortung ab – auf Vorgesetzte oder die Umstände oder Bestimmungen?
Und wovon lassen wir wirklich die Finger?
Mit wem leben wir in Unfrieden – und verweigern die Hand der Versöhnung?
Wir wollen die Hände vors Gesicht schlagen – in uns hineinschauen:
Wofür tragen wir Verantwortung – und wie nehmen wir sie wahr?

Stille

Lied: O du hochheilig Kreuze, GL 182, 1+2

7. Teil: In Gottes Hand

Wir hören eine Lesung von jemand, der schuldig wurde und Angst bekam.

Lesung aus dem 2. Buch Samuel

König David befahl dem Oberbefehlshaber des Heeres: Zähle das Volk. Ich will wissen, wie stark das Volk ist. Das Volk hatte 1.300.000 Krieger, die das Schwert trugen. – Da schlug David das Gewissen. Er betete zu Gott: Herr, ich habe schwer gesündigt, daß ich dies tat. Nun, Herr, vergib die Schuld deines Knechtes, denn ich habe sehr dumm gehandelt. Da kam der Prophet Gad zu David und richtete Gottes Strafbotschaft an ihn aus: Wähle eine Strafe aus! David antwortete Gad: Ich bin in großer Not. Doch lieber wollen wir in die *Hand* Gottes fallen, denn seine Barmherzigkeit ist groß. Den Menschen aber möchte ich nicht die *Hände* fallen.

Lieber will ich in die Hand Gottes fallen, denn seine Barmherzigkeit ist groß. So glaubte David. Und unser Glaube?
Glauben wir, daß wir in Gottes Hand sind? Wie zeigt es sich?
Glauben wir an Gottes Barmherzigkeit und Güte – oder stellen wir uns Gott als Rächer vor? Und wenn uns Unglück oder Krankheit trifft, bei tiefer Verzweiflung – glauben wir uns immer noch von Gottes Hand getragen? Wir denken nach über unsern Glauben.

Lieber will ich in die Hand Gottes fallen, denn seine Barmherzigkeit ist groß.

Stille

Lied: Erbarm dich, Herr

8. Teil: Bekenntnis und Vergebungsbitte

Wir wollen unsere Fehler bekennen und uns mit unseren Fehlern in die barmherzigen Hände Gottes geben. Zu den Vergebungsbitten falten wir die Hände und sprechen jeweils: Vater, in deine Hände gebe ich mein Leben. (In deine Hände will ich fallen.)

Schuldbekenntnis
Gott, du hast unser Leben wunderbar geschaffen – unsere Hände, unser Körper, unsere Welt sind Wunderwerke – oft gehen wir unachtsam damit um, nimm uns bei der Hand!
Alle: Vater, in deine Hände gebe ich mein Leben.

Gott, nur gemeinsam mit anderen, die anders sind, kann unser Leben gelingen; auch die schwachen Glieder sind wichtig. Nimm uns bei der Hand!
Alle: Vater, in deine Hände gebe ich mein Leben.

Gott, unsere Hände können aufrichten und streicheln, doch manchmal zeigen wir mit Fingern oder Worten auf andere, wir ballen Fäuste und verletzen. Öffne unsere Hände!
Alle: Vater, in deine Hände gebe ich mein Leben.

Gott, so oft sind unsere Hände rastlos tätig, so oft greifen wir nach vielen Dingen, so selten teilen und geben wir aus der Hand. Öffne unsere Hände!
Alle: Vater, in deine Hände gebe ich mein Leben.

Gott, manchmal wollen wir unsere Hände in Unschuld waschen, doch wir tragen Verantwortung – füreinander und vor dir. Nimm uns bei der Hand!
Alle: Vater, in deine Hände gebe ich mein Leben.

Gott, manchmal sind wir verzweifelt. Schwere Krankheit, tiefe Enttäuschung stürzen uns ins Bodenlose hinab. Reich uns deine Hand!
Alle: Vater, in deine Hände gebe ich mein Leben.

Vater unser im Himmel

Nun öffnen Sie die Hände!

Vergebungsbitte
Vater, dein Sohn Jesus Christus hat am Kreuz gebetet: In deine Hände gebe ich mein Leben. Wie David wollen auch wir in deine Hände fallen, denn deine Barmherzigkeit ist groß.
Der gütige Vater erbarme sich unser, er lasse uns die Sünden nach und führe uns zu neuem Leben.
Nachlaß, Vergebung und Verzeihung unserer Sünden schenke uns der allmächtige und barmherzige Gott: der Vater, der Sohn und der Heilige Geist.

Nun reichen wir einander die Hände (durch die Kirche) und singen

Lied: O Herr, verleih, GL 473, 3

9. Teil: Ausklang

Kleine Hand und große Hand
Es sagte einma die kleine Hand zur großen Hand:
Du, große Hand, ich brauche dich.
So wie die Blume emporrankt am Holz, das ihr Halt gibt.
Ich bedarf deiner Kraft und deiner Erfahrung
mit all den Dingen, die du gestaltest.

Ich möchte lernen von dir,
wie man das Schwächere birgt, hegt und behütet,
den jungen Vogel, der aus dem Nest fiel,

und die Geschöpfe,
die uns Menschen anvertraut sind.

Wie man den Strauchelnden hält
und dem Geängstigten Mut gibt,
wie man dem Unrecht wehrt
und für das Notwendige einsteht.

Ich bitte dich,
daß ich dir zugewandt sein darf ohne Arg,
und daß du nach Zeiten der Arbeit und Mühe
mit mir spielen wirst und dich auftust dem Leben,
das uns gemeinsam geschenkt ist.

Und es sagte die große Hand zur kleinen Hand:
Du, kleine Hand, ich brauche dich,
damit ich nach Hasten und Lasten der Tage
einmal ausruhen kann und gelöst sein und feiern,
hingegeben an Sonne und Wind.

Ich möchte lernen von dir
das so lange vergeß'ne Vertrauen:
Einer ist da,
der mich hält und führt und begleitet!

Mit dir möchte ich wieder ein Gebet versuchen,
das sich bittend dem hingibt,
in dessen Treue wir alle geborgen sind,
auch die Zweifler.

Hand in Hand – das wäre ein Bild für eine christliche Gemeinde. Bitte bestätigen Sie dies, indem Sie auf die folgenden Wortpaare jeweils antworten: Hand in Hand.

Jung und alt: Hand in Hand.
Männer und Frauen: Hand in Hand.
Einheimische, Zugezogene und Flüchtlinge: Hand in Hand.
Arbeiter und Angestellte, Studenten und Professoren: Hand in Hand.
Katholiken, Protestanten und alle Christen: Hand in Hand.
Industrie- und Entwicklungsländer: Hand in Hand.
Hand in Hand können wir die Aufgaben der Zukunft lösen: Frieden, Gerechtigkeit, Bewahrung der Schöpfung.
In solcher Einigekeit verbinde und segne uns der gütige Gott: der Vater, der Sohn und der Helige Geist.

Lied: Herr, du bist Gott, GL 304, 3

8 Füße

*Versöhnungsfeier in der Fastenzeit**

Vorbereitungen: Zum Schuldbekenntnis kommen die Teilnehmerinnen und Teilnehmer wie bei der Kreuzverehrung am Karfreitag nach vorne und verneigen sich oder küssen die Füße Jesu. Dazu sollte ein hinreichend großes Kreuz von zwei Meßdienern auf der untersten Altarstufe gehalten und nachher auf einen Ständer gestellt werden.

Übersicht

Einleitung: Lied: Heb die Augen
Begrüßung und Einführung
Lied: Erbarm dich Herr
Gebet

1. Teil: Unsere Schuhe
Lesung aus dem 2. Buch Mose (Ex 3, 1-5)
Schuhe ausziehen
Besinnung: unsere Verletzbarkeit
unsere Wege und Spuren
unser Körper und wo uns der Schuh drückt.
Orgelspiel

2. Teil: Hand und Fuß
Lesung aus dem 1. Korinterbrief (1 Ko 12)
Besinnung: unsere Arbeit
die Arbeit des Fußvolks
Lied: O du hochheilig Kreuze, GL 182, 1-2

3. Teil: auf andere zugehen
Lesung aus dem Römerbrief (Rö 10, 15)
Besinnung auf unsere Beziehungen
zu wem gehen wir?
wem treten wir auf die Füße?
in den Schuhen der anderen
Lied: Wer leben will wie Gott GL 183

4. Teil: Unsere Ehrfurcht vor Gott
Lesung aus dem 2. Buch Mose (Ex 3, 3-8 a)
Besinnung
Orgelspiel

* Dieser Gottesdienst wurde angeregt durch das Hungertuch aus Peru.
Es ist sinnvoll, wenn dieses Tuch beim Gottesdienst in der Kirche hängt.

Bekenntnis und Vergebung
- Einführung
- Lesung aus dem Johannesevangelium (Jo 13)
- Besinnung
- Prozession zur Kreuzverehrung
- Lied: Vater von dem höchsten Thron
- Psalm 91 im Wechsel
- Vater unser
- **Vergebungsbitte**
- Lied: Wer nur den lieben Gott GL 295

Verabschiedung
- Geschichte: Fußspuren
- Entlassung mit dem Friedensgruß
- Orgelspiel

Gottesdienst

Begrüßung und Einführung
Jemand erzählt von einer Romreise:
Nah beim Petersplatz betraten wir gegen Mittag ein kleines Restaurant. Ein paar Stufen mußten wir hinuntersteigen und kamen in einen Kellerraum, hier war es ein wenig kühler als in der drükkenden Hitze draußen. Wir schauten uns um und entdeckten einen freien Tisch unter einem halben Fenster. Als wir etwas bestellt hatten, schauten wir zum Fenster hinaus und sahen – Füße. Füße oder Schuhe – und ein Stück Bein dazu. Kleine Kinderschuhe, elegante Damenschuhe, ausgelatschte Sandalen. Ein Paar schwarze, blanke Herrenschuhe ging vorbei, ein großes und ein kleines Paar Schuhe blieben stehen, dem Aussehen nach eine Mutter mit Kind. Jede Menge Turnschuhe – das kann nur eine Schulklasse sein. Zeig mir deine Schuhe – und ich sag dir, wer du bist!
Ich hörte von einem Masseur, der die Füße behandelt, nichts als die Füße, weil dort die Nerven des ganzen Körpers enden. Der ganze Mensch, seine Leiden – in den Füßen – nicht im Kopf. Seltsam. Darauf wär ich nie gekommen, dafür sind die Füße viel zu tief unten. Ganz unten.
Aber vielleicht gerade deshalb. Wenn ganz unten etwas nicht in Ordnung ist, in einer Gesellschaft, in einer Gemeinde, wenn die, die das Ganze tragen, wenn die nicht mehr können, dann leidet das Ganze, der ganze Mensch mit. – Wir erkennen einen Menschen meist an seinem Foto – dem Gesicht. Die Polizei an seinem Fingerabdruck. Vielleicht sind die Fußspuren ebenso typisch.

Ich möchte Sie heute einladen, daß wir auf unsere Schuhe schauen, auf unsere Füße achten, daß wir unsere Fußspuren zu lesen versuchen. Unsere Schuhe sollen wie ein Spiegel sein und uns zeigen, wer wir sind, wie wir sind. Und wir denken darüber nach, wem wir auf die Füße treten oder die Füße waschen.

Lied: Erbarm dich, Herr

Gebet
Gott, dein Sohn Jesus hat gesagt: Ich bin der Weg.
Wir sind auf dem Weg. Hilf uns, Jesus, unseren Weg zu erkennen und seinen Spuren zu folgen – soweit uns unsere Füße tragen.
So bitten wir durch Christus.

1. Teil: Unsere Schuhe

Lesung aus dem 2. Buch Mose
In jenen Tagen weidete Mose die Schafe und Ziegen seines Schwiegervaters Jitro.
Eines Tages trieb er das Vieh über die Steppe hinaus und kam zum Gottesberg Horeb. Dort erschien ihm der Herr in einer Flamme, die aus einem Dornbusch emporschlug. Er schaute hin:
Da brannte der Dornbusch und verbrannte doch nicht.
Mose sagte: „Ich will dorthin gehen und mir die außergewöhnliche Erscheinung ansehen. Warum verbrennt denn der Dornbusch nicht?" Als der Herr sah, daß Mose näher kam, um sich das anzusehen, rief Gott ihm aus dem Dornbusch zu: „Mose, Mose!"
Er antwortete: „Hier bin ich."
Der Herr sagte: „Komm nicht näher heran! Leg deine Schuhe ab; denn der Ort, wo du stehst, ist heiliges Land." Ex 3, 1-5

Besinnung
Ziehe deine Schuhe aus – so forderte Gott den Mose auf.

Darf ich Ihnen dasselbe zumuten? Vielleicht haben Sie Hemmungen, weil Sie die Schuhe nicht leicht wieder anbekommen oder wegen des Geruches oder wegen der Socken oder weil Sie sich zu erkältet fühlen oder weil das für Sie ein Stück Intimsphäre ist. Deshalb habe ich lange gezögert, ob ich Ihnen zumuten darf, was für einen gläubigen Moslem selbstverständlich ist beim Betreten der Moschee. Andererseits habe ich bei mir selbst gemerkt: einen Schuh auszuziehen, das ist etwas anderes, als nur den eigenen Schuh anzuschauen. Probieren Sie es doch – halten Sie den Schuh vor sich in der Hand. Wer seinen Schuh nicht ausziehen will, kann ihn zumindest anschauen.

kurze Orgelmusik

Wie ist es Ihnen ergangen, als Sie den Schuh auszogen? Oder warum haben Sie es nicht getan?
Das stellt bloß, nimmt Schutz. So können wir nicht draußen herumlaufen, bei Kälte und Regen schon gar nicht.
Da wird unsere Verletzbarkeit und Empfindlichkeit sichtbar.
Wie ist das mit unserer Empfindlichkeit sonst?
Worauf reagiere ich empfindlich?
Hat jemand mich verletzt?
Hinter dem Schuh können wir uns ein wenig verstecken, ohne Schuh fühlen wir uns unsicher.
Wie ist das sonst: Vor wem verstecken wir uns?
Verstecken wir unsere Meinung, unsere Verachtung. Weshalb?
Wo könnten wir ein wenig offener sein?

Stille

Nun schauen Sie sich Ihren Schuh an. Er zeigt etwas von uns.
Ist er teuer oder billig, verschlissen oder ganz neu und modisch, gepflegt oder schmutzig?
Schauen Sie sich Ihren Schuh an!
Es muß sich nicht an den Schuhen zeigen, aber:
Lebe wir auf großem Fuß? Muß es stets das Teuerste und Neueste sein? Oder sind wir nachlässig – achtlos – im Umgang mit Sachen, im Umgang mit den Dingen der Welt?
Ich möchte nicht so achtlos im Umgang mit anderen, wie im Umgang mit meinen Schuhen sein!

Stille

Schuhe gehen mit uns – überall hin. Wo bin ich gewesen heute, in den vergangenen Tagen, in den letzten Wochen?
Wohin wäre ich besser nicht gegangen?
Welche Spuren habe ich hinterlassen?

Stille

Manche Schuhe sind wie Gefängnisse: eng. Sie lassen die Füße nicht atmen; ein Klima von Schweiß und Pilzen entsteht.
Gott hat uns den Körper geschenkt – ein Wunder, jedes Körperteil ein Kunstwerk. Stellen Sie sich Ihren Fuß vor, wie er gegliedert ist, beweglich und fest, das komplizierte Knochengerüst, die fein verzweigten Adern, Nerven und Muskeln. Meist beachten wir es nicht.
Wie gehen wir um mit Gottes Schöpfung, mit unserem Körper? Er

braucht Bewegung, Luft zum Atmen, Pflege. Wie gehen wir mit ihm um? Womit belasten wir ihn? Viele Medikamente, Nikotin, Alkohol und andere Drogen belasten unseren Körper. Und ebenso zuviel Arbeit, zu wenig Schlaf, übertriebener Sport. Wie gehen wir mit unserem Körper um?

Vielleicht ist nicht nur der Fuß belastet, beengt, ohne Luft zum Atmen, vielleicht auch Herz und Kopf. Wir wollen darüber nachdenken, was unser Fühlen und Denken beengt, was uns seelisch die Luft zum Atmen nimmt, wo wir ein Klima der Unfreiheit erleben, wo wir Fußfesseln tragen, woran wir gefesselt sind, wo es uns stinkt, wo uns der Schuh seelisch drückt. Wo uns der Schuh drückt – das wird bei jedem von uns verschieden sein. Was drückt, bedrückt Sie?
Wie könnte man es lösen?

Vielleicht nehmen Sie einmal allen Mut zusammen – wie beim Lösen der Schuhriemen eben.

Nun nehmen Sie den Schuh zur Hand, schauen Sie Ihren Schuh noch ein wenig an und ziehen ihn dann einfach wieder an.

Während des Orgelspiels denken wir nach über uns – unsere Empfindlichkeit – über unseren Umgang mit uns, über unsere Wege – und das was uns beengt und belastet.

Orgel

2. Teil: Hand und Fuß

Im 2. Teil der Besinnung wollen wir nachdenken über Hand und Fuß, über unsere Arbeit, die Arbeit anderer und unsere Zusammenarbeit.

Lesung aus dem 1. Korintherbrief
Wir alle wurden in der Taufe zu einem einzigen Leib verbunden.
Der Leib besteht nicht nur aus einem Glied, er hat viele Glieder.
Wenn der Fuß sagt: Ich bin keine Hand, ich gehöre nicht zum Leib, so gehört er doch zum Leib.
Das Auge kann nicht zur Hand sagen: Ich bin nicht auf dich angewiesen. Der Kopf kann nicht zu den Füßen sagen: Ich brauche euch nicht. Im Gegenteil, gerade die Glieder des Leibes, die schwächer erscheinen, sind besonders wichtig. Gott aber hat den Leib so zusammengefügt, daß den geringsten Gliedern besondere Ehre zu-

teil werde; denn er wollte, daß kein Streit im Leib entsteht, sondern daß alle Glieder füreinander sorgen. Ihr alle zusammen seid der Leib Christi, und jeder einzelne ist ein Glied an ihm.

aus 1 Kor 12

Hand und Fuß.

Wenn mein Vater von einer Arbeit nichts hielt, dann sagte er: Das hat nicht Hand und Fuß.

So will ich mit Ihnen nachdenken über unsere Arbeit und besonders über unsere Zusammenarbeit.

Hat unsere Arbeit Hand und Fuß? Oder: Wie arbeiten wir?

Eine Arbeit ist gut, wenn sie Hand *und* Fuß hat.

Manchmal muß mehreres zusammenkommen, müssen mehrere zusammenwirken, damit etwas Gutes wird.

Wie sieht das mit unserer Zusammenarbeit aus – nicht nur im Betrieb, auch in Familie, Verein, Gemeinde?

Mit wem arbeiten wir zusammen?

Wie nehmen wir die Arbeit anderer an?

Und wenn andere unsere Arbeit brauchen, lassen wir sie warten, ihre Abhängigkeit spüren?

Arbeit mit Mitarbeitern, früher nannte man sie: Untergebene. Oder Fußvolk. Das Fußvolk – es wurde früher nicht gefragt, es hatte zu marschieren, wurde geschunden, bis es nicht mehr ging. Bis heute gibt es Berufe, die sich die Füße kaputt laufen oder stehen.

Paulus schreibt: Der Kopf kann nicht zum Fuß sagen: ich brauch dich nicht. Paulus spricht von der Achtung vor denen, die die Arbeit unten tun.

Vielleicht werden sie dabei schmutzig – wie Schuhe. Aber ohne sie bräche alles zusammen – wie ein Standbild ohne Füße.

Wenn die Füße krank sind, ist der ganze Mensch behindert, gelähmt.

Wer ist Fußvolk – bei uns?

Wie geht's dem Fußvolk bei uns? Den Arbeitslosen und Ausländern, den Sozialhilfeempfängern und manchen Rentnern?

Wie behandeln wir sie? Die wenigen angesehenen Glieder brauchen besonderen Schutz und mehr Ehre, meint Paulus – im Gegensatz zum üblichen Denken. Da zählt nur, wer der Kopf ist.

Wie halten wir es? Wessen Arbeit achten wir gering?

Wir wollen uns besinnen auf unsere Arbeit, auf die Arbeit des Fußvolkes, auf unsere Zusammenarbeit mit anderen.

Stille

Lied: O du hochheilig Kreuze, GL 182, 1-2

3. Teil: Auf andere zugehen

Im 3. Teil unserer Besinnung bedenken wir: Unser Fuß führt uns zu anderen. Wir denken nach über unsere Beziehungen.

Lesung aus dem Römerbrief
Wie schön sind die Füße derer, die den Frieden, eine frohe Nachricht bringen. Röm 10, 15

Wie schön ist es, wenn jemand uns entgegenkommt, uns besucht.
Wie schön, wenn jemand einen Weg für uns macht, ein Stück Weg mit uns geht.
Wem könnten wir für solch ein Stück Begleitung danken?
Wen könnten wir begleiten, besuchen?
Gehen wir meilenweit – für Zigaretten, für den eigenen Genuß, oder meilenweit für jemand, der uns braucht?
Zu wem gehe ich – zu wem nicht?
Wie schön sind die Füße derer, die Gutes tun!
Wie grausam können aber auch Füße sein: ein Fußtritt, jemandem ein Bein stellen, nachtreten, einem anderen auf die Füße treten, auf jemand herumtrampeln, wie der Elefant im Porzellanladen zertreten. Das Alte Testament spricht von Soldatenstiefeln, die die Menschen niedertreten.
Wir wollen uns besinnen. Wen habe ich getreten? Oder hereingelegt? Wem habe ich auf die Füße getreten? Habe ich aus Ärger nachgetreten? Könnte jemand mein Verhalten so empfinden, daß ich auf ihm herumtrample, auf seinen Gefühlen, auf seinen Nerven?
Unsere Beziehungen zu anderen, sie werden von Gedanken, von Urteilen geprägt. Ein alter Indianerspruch sagt: Ich will über niemanden urteilen, in dessen Mokassins ich nicht ein Jahr lang gelaufen bin. Wenn ich es recht verstehe, in dessen Haut ich nicht stecke. Der Spruch will uns auffordern, über niemanden zu urteilen.

Wir wollen nachdenken über unser Urteilen: über wen wir urteilen – und wie – oft ohne zu wissen, wo den anderen der Schuh drückt.

Viele Füße können auch in Harmonie sein, z.B. beim Tanz. Spiel und Freude, das gehört zu uns, zu unserem Leben, und zum Leben anderer. Lassen wir Raum dazu? Uns und anderen? Raum und Zeit für Spiel, Tanz, Freude? Wann haben Sie das letzte Mal gespielt, getanzt?

Wir besinnen uns auf unsere Beziehungen – auf die harmonischen und die zertretenen.

Stille

Lied: Wer leben will wie Gott, GL 183

4. Teil: Unsere Ehrfurcht vor Gott

Im letzten Teil unserer Besinnung denken wir nach über unsere Ehrfurcht vor Gott und den Menschen.

Lesung aus dem 2. Buch Mose
Der Herr sprach zu Mose:
Komm nicht näher. Leg deine Schuhe ab, denn der Ort, wo du stehst, ist heiliges Land.
Dann fuhr er fort: „Ich bin der Gott deines Vaters, der Gott Abrahams, der Gott Isaaks und der Gott Jakobs."
Da verhüllte Mose sein Gesicht, denn er fürchtete sich, Gott anzuschauen. Der Herr sprach: „Ich habe die Not meines Volkes in Ägypten gesehen und ihre lauten Klagen habe ich gehört. Ich kenne ihr Leid. Ich bin herabgestiegen, um sie der Hand der Feinde zu entreißen und hinauszuführen in die Freiheit." Ex 3, 3-8 a

Besinnung
Das Ausziehen der Schuhe als Zeichen der Ehrfurcht vor Gott.
Damals bei Mose. Heute bei Moslems. Früher zog man am Karfreitag zur Kreuzverehrung die Schuhe aus. Ehrfurcht vor Gott – ein Blick zum Sternenhimmel könnte sie uns lehren, die Ehrfurcht vor dem Unfaßbaren, Großen.
Wir wollen zum Zeichen unserer Ehrfurcht vor Gott niederknien und uns auf Gottes Größe besinnen.
Denn wer niederkniet, gibt zu, daß er klein ist.
Wo Gott nah ist, ist heiliges Land. Und wo ist Gott nah?
Gott ist nah in der Schöpfung.
Gott ist nah in Jesus.
Gott ist nah in seinem Wort. Im Kreuz. Im Brot.
In Jesu Brüdern in Not.

In der Lesung eben hörten wir Gottes Wort: „Ich habe die Not meines Volkes gesehen. Deshalb stieg ich herab." Absteigen, sich bücken vor denen in Not. Die Schuhe ausziehen vor Menschen, die barfuß sind – als Zeichen der Ehrfurcht vor Gott und vor ihnen. Als Zeichen der Brüderlichkeit.

Wo sich ein Mensch in Not dir offenbart, dort ist heiliges Land.
Tritt nicht zu nah! Bin ich jemand zu nahe getreten?
Ihm ohne Ehrfurcht begegnet? Bin ich neugierig herangeschlichen
– auf leisen Sohlen?

Wir wollen nachdenken über unsere Ehrfurcht vor Gott und den Menschen.

Stille

Hinführung zum Bekenntnis

Stell dich auf die Füße – sagt Jesus zu einem Menschen, den er heilen will. Wir wollen uns auf die Füße stellen, aufstehen – und gehen. Wenigstens ein Stück. Aber: Wohin sollen wir gehen?
Zu wem können wir gehen, wenn der Schuh uns drückt?
Zu wem können wir gehen, wenn wir schuldig sind?
Zu wem, wenn wir nicht mehr weiterwissen?

Jesus lädt uns ein: Kommt alle zu mir, die ihr müde und belastet seid, ich will euch erfrischen. Und dann tat er dies:

Lesung aus dem Evangelium nach Johannes

Es war vor dem Osterfest. Jesus wußte, daß seine Stunde gekommen war, um aus dieser Welt zum Vater zu gehen. Er liebte die Seinen, in der Welt, und er liebte sie bis ans Ende. Sie hielten ein Mahl. Jesus stand vom Mahl auf, legte das Oberkleid ab und umgürtete sich mit einem Leinentuch. Dann goß er Wasser in eine Schüssel und begann, den Jüngern die Füße zu waschen und mit dem Leinentuch abzutrocknen, mit dem er umgürtet war.
Als er zu Simon Petrus kam, sagte dieser zu ihm: „Herr, du willst mir die Füße waschen?" Jesus antwortete ihm: „Was ich tue, verstehst du jetzt nicht, du wirst es aber später begreifen." Petrus entgegnete ihm: „Niemals sollst du mir die Füße waschen!" Jesus erwiderte ihm: „Wenn ich dich nicht wasche, hast du keine Gemeinschaft mit mir." Da sagte Simon Petrus zu ihm: „Herr, dann nicht nur meine Füße, sondern auch die Hände und den Kopf!"
Als er ihnen die Füße gewaschen hatte, sein Oberkleid angelegt und sich wieder zu Tisch gesetzt hatte, sagte er zu ihnen: „Begreift ihr, was ich euch getan habe? Ihr nennt mich Meister und Herr, und ihr habt recht, denn ich bin es. Wenn ich, der Meister und Herr, euch die Füße gewaschen habe, müßt ihr auch einander die Füße waschen. Ein Beispiel habe ich euch gegeben, damit auch ihr tut, wie ich an euch getan habe." Jo 13, 1-9, 12-15

Wohin sollen wir also gehen, wenn ich nicht zu ihm.
Er hat den Aposteln die Füße gewaschen, damit sie rein seien und mit ihm Gemeinschaft hatten.
Die Füße der anderen hat er gewaschen.
Seine eigenen Füße aber wurden angenagelt und durchstochen.
Und nicht nur seine Füße. Sein Herz.
Ein paar Tage vorher hat jemand seine Füße geküßt, eine Dirne als Ausdruck ihrer Liebe. Das war anstößig gewesen. Die Pharisäer empörten sich: Wie kann man nur... Doch Jesus hatte dieses Zeichen der Liebe angenommen.
Ein paar Tage vor dem Karfreitag könnten wir uns an der Sünderin ein Beispiel nehmen und zu Jesus kommen, zu seinen durchbohrten, nackten Füßen, uns davor verneigen. Und wenn sie es wollen: seine Füße küssen. Wenn es Ihnen nicht anstößig ist. Ich täte es ja auch nicht bei jedem. Aber Jesus tritt nicht, er wusch den Jüngern die Füße – und hat es angenommen, daß jemand ihm die Füße küßte – als Zeichen der Liebe. Wird er es nicht auch annehmen von uns, als Ausdruck unserer Liebe und Bekenntnis unserer Schwäche?

Zwei Helfer halten das Kreuz an der Altarstufe, alle kommen dorthin und verehren das Kreuz.

Zur Prozession leise Orgelmusik, dann

Lied: Vater, vor dem höchsten Thron

dabei Gebetszettel mit Psalm 91 austeilen!

Wir sprechen Psalm 91. Sie sprechen jeweils den Kehrvers.

Psalm 91
Kehrvers: Er trägt dich auf seinen Händen,
damit dein Fuß nicht stößt an einem Stein.

Wer im Schutz des Höchsten wohnt
und ruht im Schatten des Allmächtigen,
der sagt zum Herrn: Du bist meine Zuflucht und Burg,
mein Gott, dem ich vertraue.
Kehrvers

Gott rettet deinen Fuß aus der Schlinge
und aus allem Verderben.
Er beschirmt dich mit seinen Flügeln,
unter seinen Schwingen findest du Schutz.
Kehrvers

Du brauchst dich nicht vor dem Giftpfeil zu fürchten,
der am Tage heranfliegt,
nicht vor der Krankheit,
die im Finstern heranschleicht.

Kehrvers

Der Herr befiehlt seinen Engeln,
dich zu behüten auf all deinen Wegen.
Er trägt dich auf seinen Händen,
damit dein Fuß nicht stößt an einen Stein.

Kehrvers

Du schreitest über alle Gefahren,
trittst auf Löwen und Drachen.
Weil er mir anhängt, will ich ihn erretten,
ich will ihn schützen, denn er kennt meinen Namen.

Kehrvers

Wenn er mich anruft, will ich ihn erhören.
Ich bin bei ihm in aller Not.
Ich geb ihm Freiheit und ein langes Leben
und lasse ihn schauen mein Heil.

Kehrvers

Zur Erinnerung, Jesus hat seinen Jüngern die Füße gewaschen, nicht den Kopf!
Gott trägt uns, er umsorgt uns und vergibt. In solchem Vertrauen beten wir

Vater unser

Vergebungsbitte
Gott, dein Sohn Jesus Christus hat seinen Jüngern die Füße gewaschen und ihnen Gemeinschaft mit seinem neuen Leben geschenkt.
Wir bitten dich, vergib auch uns unsere Schwäche, unser Versagen, unsere Irrwege und Fehltritte.
Der allmächtige Gott erbarme sich unser, er lasse uns die Sünden nach und führe uns zu neuem Leben. Nachlaß, Vergebung und Verzeihung unserer Sünden schenke uns der allmächtige und barmherzige Gott: der Vater, der Sohn und der Heilige Geist.

Lied: Wer nur den lieben Gott, GL 295

Verabschiedung
Vielleicht waschen Sie sich zu Hause die Füße und spüren, wie gut das tut!

Zum Abschied eine Geschichte:

Fußspuren
Ich träumte eines Nachts, ich ging am Meer entlang mit meinem Herrn. Und es entstand vor meinen Augen wie Streiflichter mein Leben.
Wie mir schien, entdeckte ich für jeden Abschnitt meines Lebens je ein Paar Schritte im Sand.
Die einen gehörtenmir, die anderen meinem Herrn.
Als dann das letzte Bild an uns vorbeitgeglitten war, sah ich zurück und stellte fest, daß viele Male nur *ein* Paar Schritte in dem Sand zu sehen war. Sie zeichneten die Situationen meines Lebens, die mir am schwersten waren.
Das machte mich verwirrt, ich fragte den Herrn: „Als ich dir damals alles, was ich hatte, übergab, um dir zu folgen, da sagtest du, du würdest immer bei mir sein. Doch in den tiefsten Nöten meines Lebens seh ich nur *ein* Paar Spuren im Sand. Warum ließt du mich gerade dann allein, als ich dich so verzweifelt brauchte?"
Der Herr nahm meine Hand und sagte: „Mein liebes Kind, nie ließ ich dich allein, schon gar nicht in den Zeiten, als es dir so schwer war und du nicht weiter wußtest. Wo du nur *ein* Paar Schuhe in dem Sand erkennst, da habe ich dich getragen."

Gehet hin in Frieden!

Orgelspiel

9 Holz

*Versöhnungsfeier in der Fastenzeit**

Vorbereitungen / Zum Verlauf

Im Altarraum sind verschiedene Gegenstände aus Holz verteilt, z.B. Stock, Flöte, Holzpuppe, Heiligenfigur und ein kleiner Ständer für ein Stehkreuz.

In der Kirche liegt ein Haufen Holz, auch für Priester und Lektoren ist vorne ein Stück Holz bereitzulegen.

Die Teilnehmer werden beim Betreten der Kirche gebeten, sich selbst ein Holzscheit auszusuchen.

Das Holz in der Hand ist Ausgangspunkt für eine Besinnung.

In der Kirche / in den Bänken können zusätzlich Stifte ausliegen: Wie auf einem Kerbholz können die Teilnehmer einen Strich auf das Holz machen, wenn sie sich einer Schuld bewußt wurden.

Zum Schuldbekenntnis wird eine Kette in den Bänken gebildet.

Dazu fassen die Nachbarn jeweils das Holzscheit des andern an: Der Nachbar packt mit an.

Nach dem Schuldbekenntnis trägt einer aus der Bank – stellvertretend für die anderen – das Holz zum Altarraum und lädt es dort beim Holzkreuz ab. Helfer richten aus den Scheiten einen Scheiterhaufen auf.

Zur Osternacht wird dieser Scheiterhaufen als Osterfeuer draußen verbrannt. An derselben Stelle, wo der Scheiterhaufen in der Kirche aufgerichtet war, steht dann die Osterkerze.

Wesentliche theologische Grundgedanken dieser Bußfeier:
- Das Holz: Symbol für Tod, Kreuz, Schuld (Holzweg).
- Mit Holzscheiten eine Kette bilden: Schuldgemeinschaft.
- Einer trägt die Scheite der Bank zum Kreuz: Schuld und Kreuz anderer mittragen.
- Holz am Kreuz abladen: In einem ersten Zeichen wird der Zusammenhang von Vergebung und Kreuz sichtbar.
- Scheiterhaufen: Zeichen für Schuld und Tod, für Scheitern.
- Osterfeuer / Osterkerze: Das Alte ist vergangen, Neues ist dadurch entstanden.

Zum Beginn des Gottesdienstes keinen Einschnitt machen: Die Teilnehmer werden gleichsam von den „technischen" Hinweisen her zum Nachdenken geführt; die ersten Hinweise werden in den letzten

* Nach einer Idee von H. Falken völlig neu gestaltet.

Minuten vor der angesetzten Uhrzeit mehrfach wiederholt. Wenn alle in den Bänken sind, werden die Hinweise nochmals im Zusammenhang gesprochen.

Übersicht

1. Teil: Das Holz in unserer Hand
Unser Holz
Lied: Sag Ja zu mir, GL 165, 1+3

2. Teil: Splitter und Balken
Lesung aus dem Matthäusevangelium (Mt 7, 1-5)
Besinnung: Kritik an anderen
verallgemeiernde Kritik
Vorurteile
Selbstkritik
Stille
Lied: Erbarm dich, Herr, GL 855, 1-3

3. Teil: Holzfiguren
Lesung aus dem 1. Buch Mose (Gen 1, 26-27)
Besinnung: Kasperle
Marionette
Heiligenfigur
Stille
Lied: Heb die Augen

4. Teil: alles aus Holz
Instrumente, Türe, Tisch, Bank
Brücke, Gerüst, Dachstuhl
Stock
grüner Zweig und morsches Holz
Stille
Lied: Wer leben will wie Gott, GL 183

5. Teil: Schuldgemeinschaft – Bekenntnis – Vergebung
Das Holz als Brücke zu anderen
Vater unser
Ein Scheiterhaufen wird aufgerichtet
Lied: Vater, von dem höchsten Thron
Das Kreuz im Scheiterhaufen
Lied: O du hochheilig Kreuz
Vergebungsbitte

Schlußlied: Ich danke dir von Herzen, GL 179, 5

Zu Beginn ins Mikrophon sprechen
Suchen Sie sich bitte ein Stück Holz aus und nehmen Sie es mit in die Bank. Suchen Sie sich Ihr Stück aus, das Holzscheit, das Ihnen zusagt. Sie könen auch ein Stück abbrechen.
Aber geben Sie bitte acht, daß Sie sich nicht an den Splittern verletzen! Vielleicht sind Sie einander ein wenig behilflich.

1. Teil: Das Holz in unserer Hand

Haben Sie ein Holzstück gefunden, daß Ihnen zusagt?
Ihr Holzstück? Das Holz, daß Ihnen etwas zu sagen hat?
Schauen Sie Ihr Holzscheit an: jedes hat seine eigene Form – so wie jeder von uns sein eigenes Gesicht hat. Es hat Kanten und Bruchstellen, vielleicht Splitter, die verletzen – So wie wir unsere Kanten haben und Bruchstellen und Splitter, die verletzen. Andere verletzen.

Wir wollen darüber nachdenken:
- Gibt es Menschen, die ich in der letzten Zeit verletzt habe – oder die sich an mir verletzten?
- Welche Kanten, welche Eigenarten habe ich, an denen meine Hausgenossen sich stoßen?
- Welche Bruchstellen hat es in meinem Leben gegeben. Ist eine gute Beziehung, ist Freundschaft oder Vertrauen zerbrochen, gebrochen worden?
- Ein Stück Holz kann wie ein Keil sein. Habe ich einen Keil getrieben zwischen andere Menschen?

Wer will, kann in den Zeiten der Stille das Holz zum Kerbholz machen und mit dem Stift oder dem Fingernagel eine Kerbe machen, wenn ihm etwas einfällt, was ihn belastet, was eigenes Versagen war.

Wir wollen darüber nachdenken, ob wir jemand verletzt haben und was in den vergangenen Monaten zerbrochen ist.

Stille, Orgel

Lied: Sag Ja zu mir, GL 165, 1+3

2. Teil: Splitter und Balken

Holz und Splitter – für Jesus ein Bild für die Kritik und das Urteilen.

Lesung aus dem Matthäusevangelium
Richtet nicht, damit ihr nicht gerichtet werdet. Denn mit dem Gericht, mit dem ihr richtet, werdet ihr gerichtet werden. Was siehst du den *Splitter* im Auge deines Bruders, doch den *Balken* im eigenen Auge siehst du nicht. Oder wie kannst du zu deinem Bruder sagen: Laß mich den Splitter aus deinem Auge entfernen – und dabei den Balken im eigenen Auge behalten. Du Heuchler, nimm zuerst den Balken aus deinem Auge. Dann magst du sehen, wie du den Splitter aus dem Auge des Bruders entfernst.

Mt 7, 1-5

Splitter im Auge des anderen: Bild für Kritik am anderen, für die Kleinigkeiten, die uns unangenehm auffallen und die uns stören. Es gibt kaum jemanden in meiner Nähe, an dem ich nicht Splitter sehe. Bitte nehmen auch Sie sich ein wenig Zeit, um nachzudenken:
- Was ärgert mich an meinen Hausgenossen?
- Was ärgert mich an den Kollegen?
- Was an den Nachbarn?
- Und wann haben wir einmal offen und ohne Erregung mit ihnen darüber gesprochen?
- Negative Kritik: Da sind bei mir Kerben fällig…

Die anderen haben tatsächlich Fehler und Eigenarten – vielleicht entdecken wir bei näherem Zusehen aber auch, daß sie alle ebenfalls gute Eigenschaften haben. Ich lasse Ihnen Zeit, darüber nachzudenken:
- Welche guten Eigenschaften haben Hausgenossen, Kollegen, Nachbarn?
- Und wann haben wir das zuletzt ausdrücklich anerkannt?
- Auch für fehlende Anerkennung können wir eine Kerbe machen.

Wenn ich über andere urteile, bin ich stets in der Gefahr, daß ich einzelne Erfahrungen verallgemeinere, Dinge nachtrage, nachhalte. War der andere einmal nicht offen – dann kann ich ihm nicht trauen, hat er etwas vergessen – dann ist er unzuverlässig, hatte er einen schlechten Tag – dann bringt er nichts.

Haben wir uns erst ein Bild gemacht, so werden wir schnell mit anderen fertig. Und so machen wir sie fertig. Zumindest in Gedanken und Worten. Es ist wie mit dem Stück Holz in unserer

Hand: Es kann zur Waffe werden, zum Stock, zum Schlagstock.
Wir brechen den Stab über andere. Unsere Worte werden zu Schlagworten, die verurteilen, zerbrechen.
Aus einer Mücke machen wir einen Elefanten, aus dem Splitter im Auge des anderen wird ein Balken: ein Balken im eigenen Auge, ein Brett vor dem Kopf, das uns blind macht und den Blick verstellt.
Kritik, die übertreibt, verallgemeinert, auch das gibt Kerben.

Das Brett vor dem Kopf – vielleicht auch ein Bild für Vorurteile, die mich blind machen – und mit denen ich auf andere einprügele?
Vorurteile entstehen leicht, wenn wir schlechte Erfahrungen mit einzelnen machen – und sie übertragen auf alle Menschen dieser Gruppe. Weil jeder Vorurteile ablehnt, haben Vorurteile oft eine typische Einleitung, etwa:
Ich habe ja nichts gegen die Jugend, aber …
Ich will nichts gegen Ausländer sagen, aber …
Was dann folgt, ist garantiert ein Vorurteil.
Demgegenüber möchte ich es deutlich sagen: Es gibt nicht die heutige Jugend, es gibt nur den Michael, die Birgit, den Wolfgang, jeden mit seinen Eigenarten, mit Vorzügen und Schwächen.
Es gibt nicht die Arbeitslosen, es gibt nur Herrn Wilms oder Frau Klinkhammer oder den Heinz, die aus unterschiedlichen Gründen ohne Arbeit sind.
Es gibt nicht die Ausländer oder die Türken, sondern Alfonso, Gérard, John und Mustafa aus verschiedenen Ländern in ganz persönlichen Verhältnissen.
Es gibt nicht die Kriegsdienstverweigerer, die Lehrer, die Alten, die Leute aus den Hochhäusern (vom Reichswald, aus Klein-Marokko): Jeder ist einmalig, ein besonderer Mensch und als solcher Gottes Geschöpf und Bild.

Kritik, Urteile und Vorurteile: Wenn unsere Hand mit dem Zeigefinger auf andere zeigt, zeigen drei Finger auf uns selbst. Oder – mit Jesu Worten: Wer den Splitter im Auge des Nächsten sieht, hat vielleicht selbst einen Balken darin.

Wir wollen selbstkritisch über uns nachdenken.
Weil wir die eigenen Fehler nicht so leicht entdecken, können andere uns helfen. Deshalb frage ich mich:
Was halten andere für meinen größten Fehler?
Vielleicht haben sie nicht ganz recht, aber immerhin:
Welche Fehler halten andere mir manchmal vor?
Erinnere ich mich, wann ich mich über Kritik einmal richtig geärgert habe?

Und wie habe ich es dem Kritiker vergolten?
Wir wollen nachdenken über unsere Kritik und die der anderen.

Stille

Lied: Erbarm dich, Herr

3. Teil: Holzbilder

Lesung aus dem 1. Buch Mose
„Und Gott sprach: wir wollen den Menschen machen – nach unserem Bild – uns ähnlich. Und Gott schuf den Menschen nach seinem Bilde, nach dem Bild Gottes schuf er ihn. Gen. 1,26-27

Gott schuf den Menschen nach seinem Bild. Jeden Menschen. Wer sich selbst für Gottes Ebenbild hält – seinen Bruder aber für einen Holzkopf, muß sich vor Gottes Gericht verantworten. So sagt Jesus in der Bergpredigt.
Wer nicht jeden einzelnen Menschen ernst nimmt, nimmt ihm das menschliche Antlitz.
Was wir aus andern machen, aus uns, aus einem Stück Holz – das kann verschieden sein.
Vielleicht machen wir daraus
- eine Holzfigur, wie ein Kasperle,
- eine Holzfigur, wie eine Marionette,
- eine Holzfigur, wie eine Heiligenfigur,
- unsere Figur. Hoffentlich eine gute Figur.

Wir möchten doch alle eine gute Figur machen. Das ist natürlich. Ich glaube, wir machen dann die beste Figur, wenn wir so sind, wie Gott sich uns vorstellt: nämlich als Jesu Brüder und Schwestern.

Doch wie leicht wird etwas anderes aus uns.
Eine Kasperlefigur: Manchmal sind wir ganz lustig, aber zutiefst lächerliche Figuren in den Händen anderer.
Wie schnell werden wir eine Marionette: eine Figur mit menschlichen Zügen, aber doch tot; eine Marionette, an den Fäden von anderen gezogen, angezogen nach dem Diktat der Werbung, nikkend auf ein Zeichen des Chefs, unpersönlich, fremdbestimmt, nach den Vorbildern des Fernsehens.
Ich bin davon überzeugt: Jeder von uns wird bestimmt beeinflußt von anderen, mehr oder weniger.
Es ist gut, wenn wir einmal darüber nachdenken:
- Wer bestimmt, wer beeinflußt mein Leben? Meinen Lebensstil?
- Wessen Urteil ist mir wichtig?

- Welche Ziele bestimmen mein Tun?
- Wer oder wie möchte ich sein?
- Wie weit bestimmt der Glaube, inwiefern bestimmt Jesu Vorbild mein Leben?

Gott hat uns geschaffen, nach seinem Bild, als Jesu Brüder und Schwestern.
Wichtig ist nicht, eine gute Figur zu machen, sondern eine einmalige Heiligenfigur zu sein, d.h. jemand, der an seiner Stelle steht und etwas sichtbar werden läßt von Gottes Güte.

Wir wollen über uns selbst nachdenken, aus welchem Holz wir geschnitzt sind, wer wir sind, was oder wer uns bestimmt.

Stille

Lied: Heb die Augen.

4. Teil: Aus welchem Holz bin ich?

Aus Holz kann vielerlei werden – und vieles aus Holz kann Zeichen werden für uns.

– Holz – das kann zur Flöte oder Geige werden:
Das Holz bringt Freude und Musik ins Leben, wenn wir das Holz zum Schwingen bringen.
Ich frage mich: Wem habe ich in letzter Zeit Freude gemacht?
Was trage ich zu guter Stimmung bei – in meiner Hausgemeinschaft oder an der Arbeitsstelle?

– Holz – was können wir nicht alles daraus machen:
Aus Holz wird eine Tür und Tisch und Stuhl, die Bänke hier in unserer Kirche sind aus Holz, aus Balken wird die Brücke, ein Gerüst, ein Dachstuhl.

All das kann uns ein Zeichen sein:
- Die Tür, ein Bild für Gastfreundschaft und Offenheit.
  Bin ich wie deine Tür: zugänglich, offen, lasse andere an mich heran?
- Der Tisch, um den sich die Gemeinschaft sammelt, Essen teilt und spielt und Feste feiert?
- Der Stuhl, die Bank, wo man sich niederlassen und entspannen kann – und auf der Bank ist Platz nicht nur für einen.
  Für wen bin ich wie eine Bank, auf der sich Müde niedersetzen können?

- Das Gerüst, das Aufbau ermöglicht.
  Trage ich wie ein Gerüst zum Aufbau bei – ohne mich selbst für unersetzlich zu halten?
- Der Dachstuhl, der schützt.
  Gebe ich Schutz wie der Dachstuhl, der Wind und Wetter über sich ergehen läßt, damit andere im Trockenen sitzen und Raum haben?

Dasselbe Holz kann Stock im Sinne von Prügel oder von Stütze sein:
Wem gebe ich Halt? Welchem jungen Menschen? Wem bin ich eine Stütze? Wer bezieht von mir Prügel?

Holz kann so vieles sein:
- Der grüne Zweig, der Palmzweig, Bild der Hoffnung und des Lebens.
  Bin ich ein grüner Zweig? Wem gebe ich Hoffnung?
- Das faule, morsche Holz, das Holz vom Wurm zerfressen.
  Die Sprosse einer Leiter, die zerbricht.
  Was ist in meinem Leben faul, wo sitzt der Wurm?
  Wie bring ich andere Menschen in Gefahr?
- Das tote Holz – ein Zeichen für bedrohte Umwelt, für den Wald, der stirbt, das Tropenholz.
  Wo trage ich zum Tod der Schöpfung bei, zerstöre Lebensraum gedankenlos, bequem?
- Das trockene Holz, das im Kamin verbrennt und wärmt.
  Schenke ich mit meinem Leben anderen Wärme?

Was für ein Holz bin ich – aus welchem Holz bin ich?
Stille

Lied: Wer leben will wie Gott, GL 183

5. Teil: Schuldgemeinschaft – Bekenntnis – Vergebungsbitte

Nun wollen wir mit unserem kleinen Stück Holz eine Brücke zu den Nachbarn schlagen und ihr Holzscheit mitanfassen.
Wenn andere etwas auf dem Kerbholz haben: Wir fassen mit an!
Was uns gegeben ist, kann Brücke zu den Nächsten sein.
Zum Zeichen der Verbundenheit in Schuld und in Bereitschaft zur Vergebung sprechen wir das Vaterunser, in dem wir um Vergebung bitten und selbst dazu bereit sind.

Vater unser

Nun bitte ich darum, daß einer aus jeder Bank die Holzscheite nach vorne bringt, damit die Lektoren einen Scheiterhaufen daraus aufrichten.

Zur Aufrichtung des Scheiterhaufens:

Lied: Vater, von dem höchsten Thron

Einer trägt das Holz für viele, trägt an dem, was viele auf dem Kerbholz haben, das war schon damals so.

Und lange schon errichteten Menschen aus den Scheiten Scheiterhaufen – nicht um zu wärmen, sondern zum Verbrennen von Menschen, Büchern und Ideen,

für die, die keinen Platz in ihrer Stadt, in ihren Köpfen hatten.

Aus Holz hat man in alten Zeiten das Kreuz gezimmert und gesagt: Verflucht ist jeder, der am Holze hängt. Gal 3, 13

Doch Jesus hat das alles umgedreht.
Weil Menschen auf dem Holzweg waren,
ging er den Kreuzweg, einen Balken tragend,
trug unsere Sünden an das Holz des Kreuzes.
Die Kreuzesbalken werden Brücken,
das Kreuzesholz zum Paradiesbaum.
So pflanzen wir ein Kreuz in unseren Scheiterhaufen,

Kreuz in die Holzscheite

Bis zum Karfreitag soll das Kreuz hier stehen, wenn wir erneut die Worte hören:

Da, seht das Holz des Kreuzes.

Jesu Kreuz steht auf dem Scheiterhaufen unseres Scheiterns, unserer Schuld.

Wir haben unser Scheitern bei ihm abgeladen.

Lied: O du hochheilig Kreuze

In der Osternacht wollen wir den Scheiterhaufen draußen zum Osterfeuer aufbauen. Das Abfallholz wird zum Freudenfeuer, zum Feuer, das wärmt.

Wir sammeln uns um dieses Feuer, und im Feuer, zu Ostern, soll alles verbrennen, was wir auf dem Kerbholz haben.

Aus den vielen Scheiten wird ein Feuer, und im Feuer des Heiligen Geistes verbrennt unser Scheitern, und wir entzünden am Osterfeuer ein Licht.

Und das Licht der Osterkerze steckt unsere Kerzen an, damit es hell wird, wo Christen Versöhnung feiern und neuen Anfang und neues Leben.

Denn der allmächtige Gott erbarmt sich unter, er läßt uns die Sünden nach und führt zu neuem Leben.
Er gibt unserem Leben Halt, sein Stock und sein Stab schenken uns Zuversicht.
Nachlaß, Vergebung und Verzeihung unserer Sünden schenkt uns heute und Ostern und alle Tage von neuem der allmächtige Gott: der Vater, der Sohn und der Heilige Geist. Amen.

Lied: Ich danke dir von Herzen, GL 179, 5

Verabschiedung

10 Wie in einem Spiegel

Versöhnungsfeier in der Fastenzeit

Vorbereitungen: Alle Teilnehmerinnen und Teilnehmer erhalten beim Betreten der Kirche einen kleinen Taschenspiegel. Im Altarraum hängt oder steht vor dem Kreuz ein großer Spiegel, der im Laufe des Gottesdienstes zerschlagen wird. Der Spiegel läßt sich am besten mit einem spitzen Hammer zerschlagen. Wenn der Spiegel hängt, sollte auf Spannungen geachtet werden, unter Umständen empfiehlt sich das Anziehen von Schutzhandschuhen; die Scherben sollten nicht auf glatten Marmor fallen, da sie dann weit wegspringen.
Problemloser ist es, den Spiegel zu stellen.

Übersicht

Begrüßung und Gebet

1. Teil: Wir selbst im Spiegel
Lesung aus dem 1. Korintherbrief (1. Ko 13, 8-12)
Besinnung: Wie sehe ich mein Gesicht?
Das Gesicht – Spiegel der Seele
Was aus unserem Herzen kommt
Lied: Hilf, Herr meines Lebens, GL 622

2. Teil: Andere im Spiegel
Besinnung: andere kontrollieren
andere im Blick haben
Spiegelverkehrt andere und sich sehen
anderen einen Spiegel vorhalten
blinde Spiegel
Lied: Gib mir den Mut, mich selbst zu kennen, GL 165, 3

3. Teil: Durchblicken
Eine Spiegelgeschichte und Erläuterungen dazu
Spiegel zerschlagen
Scherben
auf den Menschen sehen
Lied: Heb die Augen

4. Teil: Jesus – Bild Gottes
Lesung aus Kolosser- und Römerbrief
(Kol. 1, 15-17 und Rö 8, 29)
Jesus – unser Vorbild
Lied: Du edles Angesichte, GL 179, 2

Schuldbekenntnis
Vater unser
Vergebungsbitte
Lied: Singt dem König

Gottesdienst

Orgelspiel zu Beginn

Begrüßung
Ich begrüße Sie herzlich zu unserer Versöhnungsfeier!

Wir haben Ihnen am Eingang einen Spiegel gereicht. Dieses kleine Ding soll uns heute eine Hilfe sein, uns selbst zu erkennen, unsere Schwächen, unsere Eigenarten und unsere Fähigkeiten.

Gebet
Wir wollen beten: Gott, du schaust nicht auf das Äußere, du schaust in die Herzen der Menschen. Wir bitten dich – gib uns deine Augen, damit wir uns selbst erkennen und die anderen mit den Augen der Liebe sehen, so bitten wir durch Christus, unsern Herrn.

1. Teil: Wir selbst – im Spiegel

Lesung aus dem 1. Korintherbrief
Die Liebe hört niemals auf.
Erkenntnis – sie verschwindet.
Denn Stückwerk ist unser Erkennen
und Stückwerk ist unser Planen.
Wenn das Vollendete kommt,
ist es mit dem Stückwerk vorbei.
wir sehen jetzt rätselhaft – wie durch einen Spiegel,
dann aber von Angesicht zu Angesicht.
Jetzt ist mein Erkennen Stückwerk,
dann aber werde ich ganz erkennen,
wie ich ganz erkannt worden bin. 1 Ko 13, 8-12

Besinnung
Als wir Ihnen am Eingang den kleinen Spiegel reichten, da waren manche erstaunt: Vielleicht haben auch Sie gedacht, was soll das in der Kirche? Wir sind doch nicht beim Friseur!

Vielleicht wollten Sie aber auch ganz gerne in den Spiegel schauen – so wie manche Frau in einem unbeobachteten Augenblick einen Blick in den Taschenspiegel wirft oder mancher Mann unauffällig die Schaufensterscheiben als Spiegel benutzt oder an der Garderobe sich nur ganz schnell vergewissert:
Ist alles in Ordnung?
Bin ich in Ordnung?
Kann ich mich so sehen lassen?
Es ist schon ein wenig seltsam: Ich schaue ganz gern in den Spiegel, aber niemand soll es merken.
Vielleicht weil der Blick in den Spiegel immer auch ein bißchen Theaterprobe ist, ein bißchen Einübung in die Rolle, die wir gerne spielen möchten. Doch niemand soll merken, daß es nicht echt, sondern eingeübt ist.
Ein Blick in den Spiegel, worauf schauen wir? Männer schauen angeblich meist darauf, ob die Krawatte sitzt, ob sie gut rasiert und gekämmt sind. wie es bei Frauen ist, weiß ich nicht.

Heute schlage ich etwas anderes vor:
daß wir *uns selbst* im Spiegel anschauen,
unser Gesicht, unsere Augen in Ruhe anschauen,
daß wir uns nichts vormachen, nicht ausweichen:

Nehmen wir jetzt den Spiegel – und schauen hinein:
Das bin ich, *so bin ich.*

Bin ich zufrieden mit meinem Spiegelbild,
mit dem Bild, das ich von mir habe,
mit dem Bild, das andere von mir haben?

Kann ich mich sehen lassen?
Kann ich mit mir zufrieden sein?
Wie denke ich über mich selbst?
Nehme ich mich an, wie ich bin?

Oder – kann ich mich nicht ausstehen?
Möchte ich eigentlich anders sein: jünger, schöner, härter,
möchte ich ein anderer sein? Wer denn?

Oder – bin ich so mit mir zufrieden,
daß ich mir auf die Schulter klopfe,
weil man mir die Jahre nicht ansieht,
weil ich so tüchtig bin, tüchtiger als die anderen?

Der Blick in den Spiegel kann meine Ein-bild-ung wecken,
wenn ich wie die böse Königin im Märchen denke:

Spieglein, Spieglein an der Wand,
wer ist die Schönste, wer ist der Beste,
wer ist der Tüchtigste im ganzen Land?

Oder – ist das Spiegelbild Maske:
Mache ich anderen etwas vor,
spiegele mir selbst etwas vor,
gebe etwas vor, was ich nicht bin?

Ein Blick in den Spiegel: Mein Gesicht –
habe ich Angst, weiche aus, mag mich so nicht –
oder bewundere ich mein Spiegelbild?
Verstelle ich mich, probe eine Maske?

Ein Blick in den Spiegel, ins Gesicht:
So bin ich.
Wie denke ich über mich selbst?
Nehme ich mich an, wie ich bin?
Was möchte ich ändern?
Schauen Sie sich ruhig an!

Orgelmusik

Das Gesicht ist der Spiegel der Seele.
In meinem Gesicht spiegelt sich etwas von mir.
Oder sagt das Gesicht im Spiegel wenig,
ist es nur eine Nachbildung von anderen?

Die Medizin hat große Fortschritte gemacht:
Darmspiegelung, Magenspiegelung.
Vielleicht brauchten wir eine Herzspiegelung,
müßten uns gelegentlich ins Herz schauen lassen,
müßten in unser Inneres schauen.
Ich schlage Ihnen vor, dazu jetzt Ihre Augen zu schließen,
in sich zu schauen, um zu entdecken:
Was steckt in mir?
Wieviel Angst, Angst wovor?
Wieviel Enttäuschung?
Verborgene Abneigung oder Ablehnung anderer,
abfällige Urteile, Vorurteile?
Neid oder Mißgunst: warum der und nicht ich?
Gier: was ich unbedingt haben möchte?
Mißtrauen: wie denke ich über andere, wenn ich ganz allein bin?
Das alles ist vielleicht verborgen, eingeschlossen.
Aber auch dann ist es da, ist es wirksam.

Jesus sagt:
Aus dem Inneren kommen alle bösen Gedanken:
Mord, Ehebruch, Diebstahl, Lüge und ungerechtes Urteil

Mt 15, 19

Und auch alles Versagen hat im Herzen den Ursprung.
Doch ebenso kommen Freude, Zuversicht und Sympathie von Herzen, wenn sie echt sind.
Wieviel Liebe steckt in unsren Herzen,
wieviel herzliche Sympathie,
wieviel Zuversicht?
Worüber freuen wir uns von Herzen?
Herzensspiegelung:
Unser Äußeres bringen wir in Ordnung,
was ist in unserem Inneren nicht in Ordnung?
Im Spiegel machen wir uns zurecht,
ist unser Inneres recht?

Wir wollen noch eine kurze Zeit mit geschlossenen Augen in uns hineinschauen.

Orgelspiel

Lied: Hilf, Herr meines Lebens, GL 622

2. Teil: Andere im Spiegel

Im 2. Teil unserer heutigen Besinnung wollen wir nicht mehr uns selbst, sondern andere im Spiegel sehen und mit dem Spiegel unseren Blickwinkel erweitern.
Nehmen Sie dazu den kleinen Taschenspiegel und halten Sie ihn schräg: So kommen Menschen in Ihren Blick, die Sie sonst nicht sehen würden!
Mit dem Spiegel können wir andere beobachten.
Wen beobachten wir? Wen kontrollieren wir?
Hausbewohner? Ihre Kinder? Deren Besuch?
Drängen wir uns neugierig in Privatangelegenheiten anderer?

In der Bibel steht einmal: Die Pharisäer gaben genau auf Jesu acht, um ihn bei einem Fehler zu ertappen.
Auf andere achtgeben, über ihre Fehler reden, sich darüber entrüsten oder freuen. Wir können bei jedem etwas finden, eine tatsächliche Schwäche oder einen Anhaltspunkt für Verdächtigungen. Aber in welche Gesellschaft begeben wir uns dann!

Andere im Spiegel sehen, das kann auch etwas Gutes sein.
Mir fällt der Rückspiegel im Auto ein: Wenn ich mich selbst beim Fahren betrachten würde, würde es bald krachen. Wenn ich ihn aber richtig eingestellt habe, erweitert er mein Blickfeld nach hinten und hilft mir, ein Unglück zu vermeiden.
Für manche ist ein anderer Mensch – ihr Partner, die Eltern, für manche ist die Botschaft Jesu wie ein Rückspiegel: Sie erweitern den Blickwinkel und helfen, Zusammenstöße, Unglücke zu vermeiden.
Wodurch lassen wir unseren eigenen engen Blickwinkel erweitern?
Nehmen wir auch Menschen in den Blick, die den engen Rahmen von Familie und Kollegen sprengen: Menschen in der 3. Welt, Ausländer bei uns?
Ich möchte Sie an etwas erinnern. Wenn wir im Rückspiegel oder in irgendeinem Spiegel eine Schrift sehen, dann ist sie spiegelverkehrt, d.h. der Spiegel gibt die Schrift verkehrt wieder. Wir würden das gar nicht merken, wenn es keine Schrift wäre.
Vielleicht ist es oft ebenso, wenn wir Menschen im Spiegel sehen. Wir sehen sie verkehrt, wir sehen sie aus unserem Blickwinkel, sich selbst sehen die anderen anders. Vielleicht ist das die Ursache vieler Mißverständnisse: Jeder sieht irgendeine Sache oder sich selbst aus seiner Sicht.
Ich will versuchen, einmal anders zu sehen, und frage mich: Wie erleben andere mich? Ich denke an Hausgenossen, Mitarbeiter, Gemeindemitglieder. Sie können an Partner, Kinder, Eltern oder Mitarbeiter denken: Wie erleben andere uns?
Und andererseits: Vielleicht sehe ich in einem anderen nur einen Mitarbeiter oder Störer, sehe nur ein wenig von ihm.
Aber wie sieht der andere sich selbst?
Was meinen wir, wie jeder unserer Hausgenossen sich selbst sieht?

Ich sehe Menschen häufig nur in Bezug auf mich. Heute frage ich mich: Werde ich den anderen gerecht? Ihren Bedürfnissen z.B. nach Anerkennung, nach Ruhe, nach Eigenständigkeit?

Wenn ich mich über andere ärgere, dann möchte ich ihnen manchmal einen Spiegel vorhalten, mache ihnen Vorhaltungen, Vorwürfe, will ihm die Maske vom Gesicht reißen,
halte ihnen ein Bild vor: So bist du.
Zwar sollte ich nicht alles einstecken,
will ich anderen sagen, was mich verletzt oder ärgert,
aber ich kann stets nur von meiner Sicht sprechen –

und da ist vielleicht etwas spiegelverkehrt angekommen.
Und ich betreibe nur Spiegelfechterei.

Einem anderen einen Spiegel vorhalten. Nur wenn ich den richtigen Abstand und Winkel habe, kann der andere sich darin sehen. Viel Einfühlungsvermögen gehört dazu, einen anderen so zu kritisieren, daß er sich selbst in der Kritik erkennt.

Manchmal ist auch unser Spiegel, unsere Wahrnehmung nicht in Ordnung. Manche Spiegel sind beschlagen, sind blind, sind vereist.

Wenn ich meinen Spiegel anhauche, sehe ich nichts mehr. Auch die Augen des Herzens können kalt, vereist und blind sein.

Wir sollten unseren Augen, unserem Spiegel nicht leichthin trauen. Vielleicht sehen wir nur, was wir sehen wollen, vielleicht sind wir gar nicht so, wie wir uns vormachen, haben nur vor dem Spiegel, vor uns selbst etwas eingeübt.
Wir meinen, im Spiegel sehen wir die Wirklichkeit, aber der Spiegel selbst ist leer. Wir sehen nur, was wir vor den Spiegel stellen, was wir uns vorstellen.
Und dann sieht jeder im Spiegel zuerst sich selbst, sich selbst, wie er sein möchte. So wirft uns der Spiegel zurück.

Lied: Gib mir den Mut, mich selbst zu erkennen, GL 165, 3

3. Teil: Durchblicken

Spiegelgeschichte
Ein Reicher kam zu einem Weisen.
Der Weise führte ihn ans Fenster:
„Schau hinaus und sage, was Du siehst!"
„Menschen", antwortete der Reiche.
Darauf führte ihn der Weise vor einen Spiegel.
„Was siehst Du nun?"
„Ich sehe mich selbst", sagte der Reiche.
Da sprach der Weise:
„Merke: Das Fenster ist aus Glas, und der Spiegel ist aus Glas. Aber das Glas des Spiegels ist mit ein wenig Silber belegt. Kaum kommt ein wenig Silber dazu, so hörst Du auf, andere Menschen zu sehen und siehst nur noch Dich selbst."

Und siehst nur noch dich selbst –
und das führt zum Tod.
Eine alte Sage erzählt von Narziß:

Er sah sein Spiegelbild im Wasser, verliebte sich in sein Spiegelbild – und ertrank.
Wenn wir Menschen sehen, wollen, wenn wir den Menschen sehen wollen, müssen wir unsere Spiegel immer wieder einpacken, vielleicht sogar unsere Spiegelbilder zerschlagen.

Darum stecken wir den Spiegel jetzt weg. Und ich will den großen Spiegel zerschlagen.

Zerschlagen des Spiegels

Da ist etwas zu Bruch gegangen: Scherben sind die Folge;
Sie sind besorgt, daß jemand sich verletzten kann?
Ich werde es nachher wegfegen.

Ich bitte Sie, sich zu fragen:
Haben vielleicht auch Sie einen Scherbenhaufen angerichtet in einem Streit – in Familien, Verein, im Betrieb?
Haben Sie etwas zerschlagen, Vertrauen z.B.?
Ist jemand dadurch verletzt worden?

Manchmal bleiben Scherbenhaufen einfach liegen, z.B. harte Worte nach einem Streit. Sie können auch später noch verletzen. Wo müßte ich noch einen Scherbenhaufen wegräumen?

Eben ist etwas zu Bruch gegangen.
Aber muß nicht manchmal etwas zu Bruch gehen?
Das Bild etwa, das wir von uns selber haben?
Denn erst wenn wir aufhören, uns selbst zu spiegeln, können wir die Menschen uns gegenüber sehen, können wir *den* Menschen sehen, an dem wir uns ausrichten können.

Lied: Heb die Augen

4. Teil: Jesus – Bild Gottes

So schreibt Paulus
Jesus Christus ist das Bild des unsichtbaren Gottes,
der Erste vor aller Schöpfung;
alles ist erschaffen durch ihn und auf ihn hin,
und er ist vor allem,
und alles hat in ihm Bestand. Kol 1, 15-17

Die Menschen aber, die glauben,
hat Gott dazu bestimmt,
dem Bild seines Sohnes gleich zu werden. Röm 8, 29

Es gibt Menschen, die stecken sich ein Bild hinter den Spiegel; das Bild eines Menschen, dem sie ähnlich sein möchten, das Bild ihres Vorbildes.
In diesem Sinne habe ich früher meine Lehrer sagen hören:
steck dir das hinter den Spiegel, d.h. erinnere dich daran, wer du werden willst, sooft du in den Spiegel schaust.

Wir Christen könnten uns das Bild dessen hinter den Spiegel stecken, dessen Namen wir tragen.
Der beste Spiegel für uns ist nicht irgendein Scherben, nicht einmal dieser oder jener Mensch,
unser Spiegel, unser Maßstab ist Jesus Christus.
Wer ihn anschaut, sieht, ob er in Ordnung ist.
Seht euch den Menschen an – hat Pilatus gesagt – und mit diesem Wort hat er recht.
Das Bild des Kreuzes, des Gekreuzigten läßt uns erkennen, wie weit Jesu Liebe geht:
seine offenen Arme,
sein offenes Herz,
sein Gebet für die, die ihn foltern,
seine Sorge um seine Mutter.
Seht euch diesen Menschen an!
Wenn es mir schlecht geht, ganz gleich weshalb, dann verschließe ich mich fest wie eine Muschel, krieche in mein Schneckenhaus und werde blind für andere in meiner Nähe.

Wer von Ihnen ebenfalls Enttäuschungen erlebt hat – mit den Kindern, in der Familie, bei Freunden, im Verein, im Betrieb mit Mitarbeitern oder Chef –
wer schwer enttäuscht worden ist,
könnte sich jetzt einmal fragen:
Bin ich trotzdem offen und liebevoll für die anderen geblieben?

Seht euch diesen Menschen, seht euch Jesus an!

Orgelspiel

Lied: Du edles Angesichte, GL 179, 2

Schuldbekenntnis

Nun wollen wir unsere Schwäche und unseren guten Willen bekennen und um Vergebung bitten mit den Worten des Petrus, als er sich nach seiner Verleugnung wieder mit Jesus versöhnte.
So sprechen wir nach den einzelnen Abschnitten: Herr, du weißt alles, du kennst unser Versagen und unsere Liebe.

Herr Jesus Christus, unsere Augen und unser Herz sind oft blind:
Es fehlt uns die Zeit zur Besinnung,
wir halten es mit uns selbst nicht aus,
manchmal bilden wir uns etwas ein,
ein andermal nehmen wir uns nicht an, wie wir sind.
Herr, du weißt alles!
Alle: Du kennst unser Versagen und unsere Liebe.

Herr Jesus Christus, wir sorgen uns um unser Äußeres,
daß wir uns sehen lassen können.
Angst und Enttäuschungen, Ablehnung und Mißtrauen
verstecken wir in unserem Herzen.
Dort fehlt uns Raum für Freude, Sympathie und Zuversicht.
Herr, du weißt alles!
Alle: Du kennst unser Versagen und unsere Liebe.

Herr Jesus Christus, jetzt erkennen wir oft nur wie in einem Spiegel,
wir beobachten die Fehler der anderen
und sehen sie doch seitenverkehrt und verzerrt,
bloß mit unserer Sicht werden wir niemand gerecht.
Herr, du weißt alles!
Alle: Du kennst unser Versagen und unsere Liebe.

Herr Jesus Christus, es fällt uns schwer, das Bild zu zerschlagen,
das wir uns von uns vorspiegeln,
viel eher richten wir einen Scherbenhaufen an in Hausgemeinschaft, Verein oder Betrieb.
Unsere Worte verletzen wie scharfe Scherben –
und den Scherbenhaufen wegzuräumen, fällt uns schwer.
Herr, du weißt alles!
Alle: Du kennst unser Versagen und unsere Liebe.

Herr Jesus Christus, dein Bild soll hinter unserem Spiegel stecken,
du sollst das Vorbild unseres Lebens sein:
Deine offenen Arme, dein offenes Herz sind ein Bild deiner Liebe.
Wenn wir uns verschließen in Enttäuschung und Härte, dann löse, erlöse uns, Herr.
Herr, du weißt alles!
Alle: Du kennst unser Versagen und unsere Liebe.

Wir bitten Gott, unseren Vater, um Vergebung:

Vater unser

Vergebungsbitte

Gott, dein Sohn Jesus Christus hat wie ein Parabolspiegel deine Signale für unsere Welt aufgenommen. Aus der Unendlichkeit hat er uns die Botschaft vermittelt:
Du bist unendliche Liebe und du willst Liebe und Versöhnung auch unter den Menschen.
Wir bitten dich um einen Strahl deiner Liebe:
Dann wird der Eispanzer schmelzen, der die Erde und unsere Herzen bedeckt,
und neues Leben wird wachsen, wie Blumen und Blüten im Frühjahr.
Der allmächtige Gott erbarme sich unser, er lasse uns die Sünden nach und führe uns zu neuem Leben.
Nachlaß, Vergebung und Verzeihung unserer Schuld schenke uns der allmächtige und barmherzige Gott: der Vater, der Sohn und der Heilige Geist.

Lied: Singt dem König

Verabschiedung

11 Brot

Versöhnungsfeier in der Fastenzeit

Vorbereitungen: Auf dem Boden in Eingangsnähe liegen Weizenkörner, die meisten auf Tapetenbahnen.
Lektoren oder Helfer bitten die Eintretenden, ein Korn mit in die Bank zu nehmen. Später werden die Körner in kleine Schälchen gesammelt. Ähren werden ausgegeben, etwa 1 Ähre für 3 Personen.
Dann werden die Ähren abgegeben – und Brot wird verteilt, 1-2 Scheiben pro Bank. Beim 4. Teil wird das Tabernakel geöffnet oder ein Ziborium auf den Altar gestellt.

Übersicht

Lied: Heb die Augen

1. Teil: Ein kleines Korn
Ein Korn aufheben
Vom Umgang mit den Kleinen
Jesus und die Kleinen (Mk 10, 13-16)
Vom Umgang mit den Geringen
Jesus – Bruder der Geringsten (Mt 25, 31 ff.)
Das Korn – wir selbst
Das Korn – und was in ihm steckt
Lied: Kleines Senfkorn
Einsammeln der Körner, dazu
Lied: Das Weizenkorn muß sterben, GL 620

2. Teil: Die Ähre
Vom Wachsen und der Geduld
Jesus Gleichnis (Mk 4, 26-28)
Die Ähre als Wunder der Schöpfung
Eine Ähre – viele Körner
Stroh – ein Zeichen für leere Worte

3. Teil: Brot
Austeilen des Brotes und Einsammeln der Ähren, dazu
Lied: Wenn das Brot, das wir teilen, GL 041
Brot miteinander teilen
Jesu Warnung vor dem Reichtum (Lk 18, 18-25)
Brot aus zermahlenen Körnern: das Leben geben
Brot – Frucht der menschlichen Arbeit
Lied: Das sollt ihr, Jesu Jünger

4. Teil: Hostie
Brot als Zeichen für Gottes Nähe
Lied: O heilige Seelenspeise

Schuldbekenntnis
Vater unser
Vergebungsbitte
Lied: Singt dem König
Entlassung

Gottesdienst

Lied: Heb die Augen

Begrüßung
Ich begrüße Sie herzlich zu unserer Versöhnungsfeier, die in diesem Jahr unter dem Thema *Brot* steht.

1. Teil: Ein kleines Korn

Im Kircheneingang waren Körner ausgelegt – und wir haben Sie gebeten, ein Korn von der Erde aufzuheben. Das war nicht ganz einfach. Das Korn ist so winzig. Für manche war es beschwerlich, sich zu bücken. Ein paar Körner, die abseits lagen, wurden zertreten.
Legen Sie Ihr Korn nun auf Ihre Hand und schauen Sie es an!
Es ist so klein, wir können es übersehen, übersehen, was in ihm steckt, im kleinen Korn.
Wir wollen zuerst darüber nachdenken, wie wir mit dem Kleinen umgehen. Bei den Kleinen denke ich zuerst an die Kinder und unsere Aufmerksamkeit für sie:
Ob wir Kinder beachten – auf der Straße,
Kinder beachten – wenn sie etwas sagen wollen,
Kinder beachten – im Geschäft,
darauf achten, daß sie sich bewegen und spielen können,
ob wir Zeit für sie haben.
Wir denken nach über unseren Umgang mit Kindern –
über unser Verhalten zu fremden Kindern.

Markus schreibt
Die Leute brachten Kinder zu Jesus, damit er ihnen die Hände auflegte. Die Jünger aber wiesen sie schroff ab. Als Jesus das sah, wurde er ärgerlich und sagte: laßt die Kinder zu mir kommen;

hindert sie nicht daran! Menschen wie ihnen gehört Gottes Reich. Und er nahm die Kinder in seine Arme. Mk 10, 13-16

Wie gehen wir mit Kindern um?

Stille

Zu den Kleinen gehören auch die sogenannten kleinen Leute, d.h. Leute, die wir vielleicht für wenig bedeutend halten, die nichts sind oder haben, die es nicht zu Haus oder Auto gebracht haben, die Leute, die nichts gelernt oder studiert haben, die einfachen Arbeiter im Betrieb, die Hausfrauen oder auch die Fußgänger, wenn wir im Auto sitzen.
Wie ernst nehmen wir einfache Leute, wenn sie sich zu Wort melden?
Die Kleinen: Ich denke an die Hungernden in der Welt.

Kleine sind vielleicht auch die, die geringgeschätzt werden, Trinker, Abhängige, Obdachlose, Tippelbrüder, Flüchtlinge, Arbeitslose.
Welche Einstellung haben wir zu ihnen? Achten, beachten wir sie? Erinnern wir uns, jemanden schroff abgefertigt oder mit Worten verurteilt zu haben?

Die Begriffe „klein" und „gering" sind nah beieinander bei Jesus.
Und er sagt im Matthäusevangelium:
Wenn der Menschensohn in seiner Herrlichkeit kommt, werden alle Völker vor ihm zusammengerufen werden, und er wird sie voneinander scheiden. Zu denen auf seiner Rechten wird er sagen: Kommt her, ihr seid von meinem Vater gesegnet. Denn ich war hungrig, ihr habt mir zu Essen gegeben. Ich war durstig, ihr gabt mir zu trinken. Ich war fremd und obdachlos, ihr habt mich aufgenommen. Ich war nackt, ihr gabt mir Kleidung. Ich war krank, ihr habt mich besucht. Ich war im Gefängnis, ihr seid zu mir gekommen. Dann werden ihm die Gerechten antworten: Herr, wann haben wir dich hungrig oder durstig, fremd oder obdachlos, nackt, krank oder im Gefängnis gesehen und dir geholfen? Darauf wird der König antworten: Wahrlich, ich sage euch: Was ihr einem meiner geringsten Brüder getan habt, das habt ihr mir getan.

Mt 25, 31 ff.

Wir denken darüber nach, was wir den Geringsten, den Kleinsten getan haben.

Stille

Lied: Hilf, Herr meines Lebens, GL 622

Nun haben wir das Korn schon länger in der Hand, unser Korn.
Schauen wir es nochmal an:
Vielleicht sind wir selbst nur ein Korn, so klein und unbedeutend.
Wie denken wir über uns selbst? Über unsere Bedeutung?

Stille

Vielleicht fühlen wir uns manchmal so verloren wie ein Sandkorn am Strand.
Wie gehen wir mit unserer Einsamkeit um?
Können wir auch einmal allein sein? Oder fliehen wir zum Fernsehen, in Betriebsamkeit?

Stille

Dieses kleine Korn ist etwas anderes als ein Sandkorn oder eine Styropurkugel.
Es ist ein Samenkorn.
In diesem Korn steckt Leben,
steckt der Plan für eine Pflanze und Ähre.
Auch im Kind, auch in kleinen Leuten,
in jedem Einzelnen steckt ein Plan Gottes.
In jedem steckt etwas, das sich entfalten kann,
wenn es nur Boden und Wärme findet.
Glauben wir, daß in uns ein Plan Gottes steckt?
Lassen wir andere in unserer Nähe zur Entfaltung kommen?
Schenken ihnen die Wärme, die Liebe dazu?
Jesus sagte: Mit dem Himmelreich ist es wie mit einem Senfkorn. Es ist das Kleinste von allen Samenkörnern. Wenn es aber ausgewachsen ist, ist es größer als alle anderen Gartengewächse. Es wird so groß wie ein Baum, und Vögel bauen in seinen Zweigen ein Nest. Mt 13, 13 f.

Stille

Lied: Kleines Senfkorn

Ihre Weizenkörner müssen Sie nun abgeben, wir sammeln sie ein. Vielleicht finden Sie es schade, hätten es gerne als Erinnerung mitgenommen.
Aber: Sie müssen es nun abgeben, denn aus dem Weizenkorn soll eine Ähre werden, es muß sterben, verschwinden, damit Neues daraus wächst.
Jesus sagte seinen Jüngern: Wahrhaftig, wenn ein Weizenkorn nicht in die Erde fällt und stirbt, bleibt es allein. Wenn es aber stirbt, trägt es reiche Frucht. Wer sein Leben bewahren will, verliert es. Wer aber sein Leben in dieser Welt verschenkt, wird das ewige Leben gewinnen. Jo 12, 24 f.

Beim *Einsammeln* der Weizenkörner singen wir.

Lied: Das Weizenkorn muß sterben, GL 620

Die Körner werden eingesammelt auf kleinen Schalen. Ähren werden ausgegeben.

2. Teil: Die Ähre

Sie haben ein Korn gegeben – und eine Ähre erhalten.
Natürlich geht das sonst nicht so schnell.
Es braucht Zeit, bis aus dem Korn eine Ähre wird.
Ein Bauer oder Gärtner, der ungeduldig an den kleinen Pflänzchen zupfen würde, würde sie ausreißen. Er muß schon Geduld haben.
Die Pflanze braucht Zeit und Sonne und Wärme.
Wir wollen darüber nachdenken, ob wir ebenso Geduld mit anderen haben, ob wir zu früh zu viel fordern von jungen Menschen, z.B. in der Ausbildung.
Die Kinder, die Jugendlichen brauchen Zeit, brauchen Sonne und Wärme, brauchen Freundschaft und Liebe. Erinnern wir uns an einen Vorfall, als wir ungeduldig waren?
Sind wir ungeduldig mit uns selbst? Weil manches nicht so schnell klappt, nicht so schnell Früchte bringt?
Jesus sagte: Mit dem Reich Gottes ist es so, wie wenn ein Mann Samen auf seinen Acker sät; dann schläft er und steht wieder auf, es wird Nacht und wird Tag, der Samen keimt und wächst, und der Mann weiß nicht wie. Die Erde bringt von selbst ihre Frucht, zuerst den Halm, dann die Ähre, dann das volle Korn in der Ähre.

Mk 4, 26-28

Stille

Lied: Wer leben will wie Gott, GL 183

Schauen Sie sich die Ähre einmal an! Der Halm war noch viel länger. Welch eine sagenhafte Konstruktion:
auf einem hohlen, schlanken Halm ein schwerer Vorratsspeicher voller Körner.
Ein wahres Wunderwerk der Schöpfung Gottes!
Wir denken nach über unseren Umgang mit der Schöpfung:
wann haben Sie zuletzt gestaunt?
Wenn Sie Kinder haben, können Ihre Kinder von Ihnen das Staunen lernen?
Es ist ein trauriger Anblick, wenn ein Kornfeld zertrampelt ist, aber wir zerstören nicht nur mit den Füßen, sondern auch mit Salz auf der Straße, Giftspritzen im Garten, dem Auspuff des

Autos und den Reinigungsmitteln im Haushalt, mit Sprays und durch gedankenloses Wegwerfen in den Müll.
Nicht zum ersten Mal hören Sie sicherlich diese Dinge. Was hat sich seit dem letzten Mal in Ihrem Umweltverhalten geändert?

Stille

Eine Ähre trägt viele Körner, nicht nur ein.
Wir sind nicht allein. Wir teilen den Halm, die Erde, den Lebensraum mit anderen. Müssen uns einfügen und Rücksicht nehmen – vom Straßenverkehr bis zur Lautstärke der Musik. Nur so ist Zusammenleben möglich.
Wir wollen nachdenken, wo uns Rücksicht schwer fällt, wann wir rücksichtlos waren.
Wir wollen nachdenken über die Gemeinschaften, in denen wir leben: Wie steht es um das Zusammenleben in Familie, Hausgemeinschaft und Nachbarschaft, in Gemeinde und Kirche?
Wie beteiligen wir uns in Gemeinde und Gesellschaft?
Mit wem haben wir Streit?
Wie treten wir für Verständigung und Frieden ein?

Paulus schreibt:
Schwestern und Brüder, macht meine Freude dadurch vollkommen, daß ihr eines Sinnes seid, einander in Liebe verbunden, einmütig und einträchtig. Phil 2, 1 ff.

Wir wollen nachdenken über die Gemeinschaften, in denen wir leben.

Stille

Wenn die Körner aus den Ähren fallen, bleibt Stroh übrig, leeres Stroh. Vielleicht sieht es von weitem noch gefüllt aus, aber in Wirklichkeit ist es leer, hohl.
Wir wollen nachdenken über unser Reden, ob unsere Worte leer sind. Leeres Geschwätz ist alles, was unwahr ist, was ohne Liebe gesagt wird, worauf wir uns nicht verlassen können. In jedem Gespräch ein Korn der Liebe – dann ist es fruchtbar.

Jesus wandte sich an das Volk und sagte: Die Schriftgelehrten und Pharisäer haben sich auf den Lehrstuhl des Mose gesetzt. Tut, was sie euch sagen, aber richtet euch nicht nach dem, was sie tun. Denn sie reden nur, tun selbst aber nicht, was sie sagen. Mt 23, 1-3

Wir wollen nachdenken über unsere Worte – unser Reden, ob wir nur reden, ob wir die Wahrheit sagen.

Stille

3. Teil: Brot

Aus einem Korn wächst die Ähre mit vielen Körnern.
Aus vielen Körnern wird Brot. Wir wollen Ihnen ein Stück Brot reichen. Teilen Sie das Brot miteinander! Essen Sie es. Denn Brot ist zum Essen da, sonst verdirbt es.

Lied: Wenn das Brot, das wir teilen

Dazu Brot austeilen, Ähren einsammeln

So gut kann einfaches Brot schmecken!
Brot entsteht – aus zermahlenen Körnern.
Nur wenn das Weizenkorn stirbt,
zerrieben und im Feuer gebacken wird, nur dann entsteht Brot, das Lebensmittel.
In unserem Leben scheint es nicht anders zu sein.
Leiden und Sterben gehören dazu:
Menschen, die sich aufreiben für andere, die Platz machen für andere, Menschen, die von ihrem Leben, ihrer Zeit verschenken, sie geben dadurch anderen Lebensmöglichkeit.
Wer lebt von Ihnen?
Sind wir bereit, etwas einzustecken für andere,
einzutreten für andere,
uns einzusetzen, auch wenn es etwas kostet, und uns nicht entmutigen zu lassen?
Die Krankheiten anderer mitzutragen?
Die der Angehörigen, der Mitarbeiter?
Wer kann von uns leben? –
Und von wem leben wir? Welchem Personenkreis verdanken wir unser Leben?
Brot – ein Lebensmittel.
Was sind unsere Lebensmittel sonst?
Ernähren wir uns richtig – oder überwiegend von Chips, Bier und Naschereien? Wovon leben wir?
Ernähren wir uns auch geistig richtig – oder überwiegend von Fernsehen und Bildzeitung? Was ist unsere geistige Nahrung?

Mattäus schreibt:
Die Jünger fuhren ans andere Ufer. Sie hatten aber vergessen, Brot mitzunehmen. Jesus sagte ihnen: Hütet euch vor dem Sauerteig der Pharisäer! Sie aber meinten: Wir haben kein Brot mitgenommen. Als Jesus das merkte, sagte er zu ihnen: Ihr Kleingläubigen, was macht ihr euch darüber Gedanken, daß ihr kein Brot habt?

Begreift ihr nicht? Erinnert euch an die fünf Brote für die Fünftausend! Da verstanden sie, daß er nicht gemeint hatte, sie sollten sich vor dem Sauerteig hüten, mit dem man Brot backt, sondern vor der Lehre der Pharisäer. Mt 16, 5-12

Das Brot ist Frucht der menschlichen Arbeit.
Wir wollen nachdenken über unsere Arbeit. Können andere damit zufrieden sein?
Wir denken nach über die Arbeit anderer. An die Arbeit im Haus, an Dienstleistungen, ehrenamtliche Arbeit. Findet die Arbeit anderer Anerkennung?
Wie denken an die, mit denen wir zusammenarbeiten. Sind wir gute Kollegen?

Stille

Sie haben das Brot miteinander geteilt.
Mit wem teilen wir sonst das Brot,
mit wem unser Leben?
Die Stücke beim Teilen wurden vielleicht verschieden groß.
Teilen wir gerecht untereinander – und mit anderen?
Mit den Entwicklungsländern?
Teilen wir die Arbeit, die Hausarbeit, den Lohn?
Oder hängen wir an dem, was wir haben?

Lukas schreibt:
Ein führender Mann fragte Jesus, Meister, was muß ich tun, um das ewige Leben zu gewinnen? Jesus antwortete: Du kennst doch die Gebote. Er erwiderte: Die habe ich von Jugend an befolgt. Als Jesus das hörte, sagte er: Eines fehlt dir noch: Verkauf alles, was du hast, verteil das Geld an die Armen und du wirst einen Schatz im Himmel haben. Der Mann aber wurde sehr traurig, als er das hörte, denn er war sehr reich. Jesus sah ihn an und sagte: Wie schwer ist es für Menschen, die viel besitzen, in das Reich Gottes zu kommen. Eher geht ein Kamel durch ein Nadelöhr, als daß ein Reicher in das Reich Gottes gelangt. Lk 18, 18-25

Wir wollen nachdenken über unser Eigentum und unser Teilen.

Stille

Lied: Das sollt ihr, Jesu Jünger

4. Teil: Hostie

Der Mensch lebt nicht vom Brot allein, das hat Jesus gesagt. Er lebt von Gottes Wort.

Der Prophet Amos schreibt
Seht, es kommen Tage, so spricht der Herr, da schicke ich den Hunger ins Land, nicht den Hunger nach Brot, nicht Durst nach Wasser, sondern Hunger und Durst nach einem Wort des Herrn. Dann wanken die Menschen von Meer zu Meer, sie ziehen von Norden nach Osten, um ein Wort des Herrn zu finden, doch sie finden es nicht. Amos 8, 11 f.

Öffnen des Tabernakels / Hinstellen der Hostienschale

Das Brot kann Zeichen für vieles sein:
es stillt den Hunger und stiftet Gemeinschaft.
Es kann Zeichen für Jesus in unserer Mitte sein.
Wir übersehen ihn vielleicht, wie ein kleines Korn,
wir achten nicht darauf, wovon wir leben.
Jesus hat gesagt: ich bin das Brot des Lebens.
Jesus ist Lebensmittel, Grundnahrungsmittel.
Einfach und nahrhaft wie Brot.
Er stillt den Lebenshunger, stiftet Gemeinschaft.
Wir wollen darüber nachdenken, wie wir Jesus begegnen:
- seinem Wort,
- wenn wir uns hier in seinem Namen versammeln,
- wie wir ihm im Nächsten begegnen.

Stille

Lied: O heilige Seelenspeise

Schuldbekenntnis
Wir wissen um unsere Schwäche. Wir wollen unser Versagen bekennen. Ich bitte Sie, aufzustehen und zu den einzelnen Sätzen zu antworten: Vergib uns unsere Schuld!

Gott, so leicht übersehen wir das kleine Korn,
die kleinen Menschen, die Kinder, die Armen. Verzeih!
Alle: Vergib uns unsere Schuld!

Gott, manchmal fühlen wir uns selbst klein und ausgeliefert.
Wir vergessen, daß dein Lebensplan in uns steckt. Verzeih!
Alle: Vergib uns unsere Schuld!

Gott, manchmal sind wir ungeduldig,
lassen anderen und uns selbst nicht Zeit genug,

zu wachsen und zu reifen;
reißen aus, statt Wärme zu schenken. Verzeih!
Alle: Vergib uns unsere Schuld!

Gott, manchmal sind wir blind für die Wunder deiner Schöpfung;
wir zerstören aus Unachtsamkeit. Verzeih!
Alle: Vergib uns unsere Schuld!

Gott, wir teilen den Lebensraum mit vielen.
Manchmal fällt es uns schwer, Rücksicht zu nehmen. Verzeih!
Alle: Vergib uns unsere Schuld!

Gott, unsere Worte sind manchmal wie leeres Stroh;
es steckt keine Liebe oder Wahrheit darin. Verzeih!
Alle: Vergib uns unsere Schuld!

Gott, aus Leiden und Tod entsteht neues Leben.
Nur wenig teilen wir Brot und Leben. Verzeih!
Alle: Vergib uns unsere Schuld!

Gott, Brot ist Frucht menschlicher Arbeit.
Manchmal schätzen wir die Arbeit anderer gering. Verzeih!
Alle: Vergib uns unsere Schuld!

Gott, dein Sohn Jesus will uns nahe sein im Zeichen des Brotes.
Gib uns dieses Brot – und vergib uns unsere Achtlosigkeit.

Wir wollen Gott, unseren Vater, um Brot und Vergebung bitten.

Vater unser (gesungen)

Vergebungsbitte
Gott, dein Sohn Jesus hat gesagt, wer den Vater um gute Gaben bittet, dessen Gebet wird erfüllt.
So bitten wir dich um Vergebung
und Vergebungsbereitschaft untereinander,
um Frieden und Geschwisterlichkeit,
um Brot und alles, was wir für ein erfülltes Leben brauchen.

Der allmächtige Gott erbarme sich unser,
er lasse uns Fehler, Schwächen und Sünden nach,
er schenke uns das tägliche Brot
und Vergebung.
So vergebe uns der allmächtige Gott
der Vater, der Sohn und der Heilige Geist.

Lied: Singt dem König

12 Frauen

*Versöhnungsfeier in der Fastenzeit**

Übersicht

Lied: Heb die Augen

Einleitung

1. Teil: Die Heilung der gekrümmten Frau
Aus dem Lukasevangelium (Lk 13, 10-16)
Kurze Erläuterung
Besinnung:
Wir schauen auf die Frau: bedrückte Menschen
Wir schauen auf den Synagogenvorsteher: einer vertröstet
Wir schauen auf Jesus: Befreiung – gerade am Sabbat.
Stille
Lied: Selig seid ihr

2. Teil: Maria und Martha
Aus dem Evangelium nach Lukas (Lk 10, 38-42)
Kurze Erläuterung
Besinnung:
Wir schauen auf Martha: viel Arbeit, doch das Wichtigste fehlt
Wir schauen auf Maria: Hören auf Jesu Wort
Stille
Lied: Herr, gib uns Mut, GL 521

3. Teil: Zwei Witwen
Aus dem Evangelium nach Lukas (Lk 18, 2-5 + 21, 1-4)
Kurze Erläuterung
Besinnung:
Wir schauen auf den ungerechten Richter:
wen nehmen wir wichtig?
Wir schauen auf die Witwe: Kämpfen für das Recht
Wir schauen auf die Witwe am Opferkasten:
wie denken wir über Hingabe?
Stille
Lied: Wer leben will, GL 183

* Anstoß zu diesem Gottesdienst gab das entsprechende Hungertuch der Aktion Misereor. Da die Szenen auf dem Hungertuch Thema der Predigten an den Fastensonntagen sowie in den Kar- und Ostertagen waren, geht der Bußgottesdienst von Bibelstellen aus, die nicht auf dem Hungertuch dargestellt sind.

4. Teil: Die liebevolle Sünderin
Aus dem Evangelium nach Lukas (Lk 7, 36-39. 47-50)
Kurze Erläuterung
Besinnung:
Wen lieben wir?
Wir schauen auf die Sünderin:
was haben wir uns vorzuwerfen?
Wir schauen auf den Pharisäer: unser Urteilen
Wir schauen auf Jesus: für andere eintreten
Stille
Lied: Dich liebt, o Gott

5. Teil: Beim Kreuze Jesu
Aus dem Evangelium nach Johannes (Jo 19, 25 ff.)
Kurze Erläuterung
Besinnung:
Wir schauen auf die Menschen beim Kreuze Jesu:
Leid mittragen
Stille
Lied: Christi Mutter, GL 584

6. Teil: Die Ehebrecherin
Aus dem Evangelium nach Johannes (Jo 8, 3-11)
Kurze Erläuterung

Schuldbekenntnis
Vater unser
Vergebungsbitte
Lied: Ich lobe meinen Gott
Verabschiedung
Lied: O du hochheilig Kreuze

Gottesdienst

Lied: Heb die Augen

Begrüßung

Einleitung
Auf die Bitte hin, zum Bußgottesdienst Bibelstellen zu wählen, in denen Frauen vorkommen, wehrte eine Frau ab: Frauen nach der Art der Sünderin oder Ehebrecherin – nein danke!
Es ist richtig, von diesen beiden Frauen spricht die Bibel. Aber ausgerechnet sie verurteilt Jesus nicht! Als ich nachdachte und in den Evangelien nachsuchte, fand ich außer diesen beiden und den

Stellen mit der Mutter Jesu Maria noch dreißig andere, wo Jesus Frauen begegnet, von ihnen spricht, mit ihnen spricht – angefangen von der Prophetin Hanna im Tempel und den Frauen, die Jesus begleiten und finanziell unterstützen, bis zu den Frauen am Kreuzweg und unter dem Kreuz und Maria Magdalena am Ostermorgen am Grab.
Einige dieser Begegnungen und Geschichten will ich heute als Grundlage unserer Besinnung nehmen.
Dabei geht es nicht um die Rolle der Frau damals in Palästina oder heute bei uns. Wir laden Sie ein, sich einfach für die Worte der Bibel zu öffnen, für das, was sie uns sagen.

1. Teil: Die Heilung am Sabbat

Lesung aus dem Evangelium nach Lukas
Jesus lehrte am Sabbat in einer Synagoge. Dort war eine Frau, die seit 18 Jahren einen kranken Geist hatte. Sie war verkrümmt und konnte sich überhaupt nicht aufrichten. Als Jesus sie sah, rief er sie zu sich und sprach zu ihr: Frau, du bist von deiner Krankheit erlöst. Er legte ihr die Hände auf, und sogleich richtete sie sich auf und lobte Gott.
Der Syngogenvorsteher aber war unwillig, daß Jesus am Sabbat geheilt hatte, und sprach zum Volk: „Sechs Tage gibt es, an denen man arbeiten darf; an denen kommt und laßt euch heilen, aber nicht am Tag des Sabbats." Jesus aber entgegnete ihm: „Ihr Heuchler, bindet nicht jeder von euch am Sabbat Ochs oder Esel von der Krippe los und führt ihn zur Tränke? Mußte da nicht ebenso diese Tochter Abrahams von ihrer Fessel gelöst werden – am Sabbat?"
Lk 13, 10-16

Kurze Erläuterung
Eine Frau ist krank, verkrümmt, gedrückt – seit 18 Jahren. Und doch will sie sich aufrichten. Doch der Synagogenvorsteher, ein Mann der Religion, hat kein Verständnis. Zumindest soll sie warten. Ihre Heilung hat noch Zeit bis nach dem Sabbat. Jesus sieht das anders. Gerade der Sabbat soll der Tag des Heiles, der Vollendung sein. Deshalb setzt Jesus sich über die Vorschriften der Religionsgemeinschaft hinweg, um der Frau willen, damit sie nicht länger warten muß. Auch für sie gilt die Verheißung eines reichen Lebens. Das ist damit gemeint, daß auch sie eine Tochter Abrahams ist.

Besinnung

Wir wollen uns besinnen. Wir denken an die kranke Frau und fragen uns:

Wo sind in unserer Nähe Frauen unfrei, geduckt, bedrückt oder niedergeschlagen? Wo sind Frauen überarbeitet oder gefesselt durch Familie oder – das kann ebenso schlimm sein: durch ihre Arbeit? Wo sind Frauen vielleicht sogar geistig – seelisch ganz krank, weil sie an ihrer Entfaltung gehindert werden?

Gibt es Kinder oder Männer in unserer Nähe, die ähnlich hilflos sind?

Ich denke auch an Menschen in der Ferne: Frauen, Kinder und Männer in der Dritten Welt.

Wenn Sie niemanden wissen, der oder die niedergedrückt ist, vielleicht liegt es daran, daß wir uns daran gewöhnt haben. Diese Menschen sind schon ganz lange gekrümmt und gefesselt; wir denken, sie wollten oder könnten gar nicht anders. Wir wollen aufmerksam nachdenken und mit Jesu Augen sehen. Wo sind Menschen niedergedrückt, niedergeschlagen, unfrei wie die kranke Frau?

Und wer selbst in der Lage der Frau ist: Warum lassen Sie sich vertrösten? Wollen Sie sich aufrichten? Wenn Sie sich an Jesus wenden würden, er macht Mut.

Wir denken an den Synagogenvorsteher. Wann sind wir wie er, der vertröstet, aufschiebt, hindert, daß Menschen sich aufrichten, aufrecht und selbstbewußt eigene Wege gehen?

Wenn z.B. ein Mann seiner Frau sagt: In 18 Jahren, wenn die Kinder einmal groß sind, dann kannst du tun, was dir Spaß macht, da spricht ein Synagogenvorsteher, denn Mann und Frau haben gemeinsame Verantwortung für die Kinder und beide brauchen eigene Lebensräume, müssen sich gegenseitig Freiräume ermöglichen. Ich will und kann hier nicht vorgeben, unter welchen Umständen Frauen oder Männer ganz oder teilzeit berufstätig sind oder nicht und wie sie die Hausarbeit teilen. Das müssen Sie partnerschaftlich miteinander herausfinden. Nur soviel ist für mich klar: Alle, Frauen und Männer müssen sich aufrichten und aufatmen können. Heute schon, nicht erst später. Wie ist es in Ihrer Familie?

Wir schauen auf Jesus. Haben wir uns schon einmal wie er über Vorschriften, Gesetze, religiöse Gebote hinweggesetzt, um andere aufzurichten, zu befreien? Haben Mut zugesprochen, Unterstützung gegeben?

Das fiel mir auf: Jesus tritt auch am Sabbat für Befreiung ein; für mich bedeutet das, auch am Sonntag, sogar im Gottesdienst für

die Befreiung einzutreten – wie Jesus. Stört Sie das? Wollen Sie im Gottesdienst in Ruhe gelassen werden? Jesus stört solche Sabbatruhe – und er läßt sich stören. Lassen auch wir uns sonst gelegentlich in der Freizeit stören, wenn jemand uns braucht – oder geht uns die Ruhe über alles?
Wir wollen an die gedrückte Frau denken, an den Synagogenvorsteher, an Jesus – und uns besinnen.

Stille

Lied: Selig seid ihr

2. Teil: Maria und Martha

Lesung aus dem Evangelium nach Lukas
Als sie weiterwanderten, kam Jesus in ein Dorf. Eine Frau namens Martha nahm ihn in ihr Haus auf. Sie hatte eine Schwester namens Maria. Maria setzte sich zu den Füßen Jesu und hörte seinen Worten zu. Martha aber war durch vielerlei Dienste beansprucht. Sie trat hinzu und sagte: „Herr, macht es dir nichts, daß meine Schwester die Bedienung mir allein überläßt? Sag ihr doch, daß sie mir helfen soll!" Doch Jesus antwortete ihr: „Martha, Martha, du sorgst und beunruhigst dich um viele Dinge. Doch nur eines ist notwendig. Maria hat den besseren Teil erwählt; der wird ihr nicht genommen werden." Lk 10, 38-42

Kurze Erläuterung
Zwei Frauen – eine: viel beschäftigt, dauernd in Betrieb, immer in Sorge; die andere: sie ist zunächst einmal da, hört zu, öffnet sich für Jesu Wort.

Besinnung
Wir wollen uns besinnen.
Wir schauen auf Martha und fragen uns: Sind wir – ob Männer oder Frauen – eine Martha?
Arbeiten vielleicht viel, tun alles mögliche – mit gutem Willen, aber: Wo machen wir Druck – uns selbst oder anderen?
Viel Arbeit – angeblich alles für die Familie und/oder die Kinder – nur, was würden die Frau, der Mann, die Kinder sich am meisten wünschen oder am notwendigsten brauchen – mehr Geld, mehr Bedienung – oder daß jemand einfach da ist, zuhört?
Ich hörte, wie ein Sozialarbeiter sagte: Ich arbeite nur 80 %, damit ich mehr Zeit für die Kinder habe. Das ist nicht jedem möglich,

trotzdem: Dasein, zuhören – dem Partner, der Partnerin, den Kindern – wann tun Sie das?
Ich vermute, die Gefahr, viel zu tun – und nicht da zu sein –, besteht nicht nur in der Familie, sondern auch bei ehrenamtlichem Einsatz in Gemeinde oder Vereinen und besonders in Berufen, die mit Menschen zu tun haben, also bei Krankenschwester, Arzt, Lehrerin, Erziher- oder Sozialarbeiterin und selbstverständlich bei mir als Priester. Wir tun viel, arbeiten viel – der Terminkalender ist voll – und doch sind wir viel zu wenig da. Tiefere Begegnung entgeht uns, weil wir nicht zuhören, keine Zeit haben. Ich weiß, es ist schwer, und doch so wichtig, immer wieder einzuhalten, um uns selber zu fragen: Tun wir zuviel? Hören wir zu wenig auf andere Menschen? Nehmen wir womöglich gar nicht wichtig, was sie sagen, weil wir angeblich schon wissen, was für sie gut sein soll?
Sorgen wir für das leibliche Wohl, aber flüchten davor, Menschen wirklich nah zu sein?
Woran wir das merken können? Wenn es dauernd Mißverständnisse gibt, Unzufriedenheit, Kälte, dann fehlt die Nähe, das Zuhören, die Begegnung.
Wir schauen auf Maria.
Maria hört auf Jesu Wort. Das ist wichtig: daß auch wir immer wieder auf Jesu Wort hören, damit unser ganzes Tun Ausrichtung bekommt. Wann hören wir auf Jesu Wort?

Stille

Lied: Herr gib uns Mut, GL 521

3. Teil: Zwei Witwen

Lesung aus dem Evangelium nach Lukas
Jesus erzählte ihnen ein Gleichnis und sprach: In einer Stadt lebte ein Richter, der Gott nicht fürchtete und sich vor keinem Menschen scheute. In derselben Stadt lebte eine Witwe, die immer wieder zu ihm kam und sagte: „Schaffe mir Recht gegen meine Gegner!" Eine Zeitlang wollte er nicht, dann aber sagte er sich: „Wenn ich auch Gott nicht fürchte und keinen Menschen scheue, so will ich doch dieser Witwe ihr Recht geben, weil sie mir keine Ruhe läßt, damit sie nicht dauernd gelaufen kommt und mir in den Ohren liegt." Lk 18, 2-5

Etwas später schreibt Lukas:
Als Jesus zum Tempel ging, sah er, wie die Reichen ihr Gaben in den Opferkasten warfen. Er sah aber auch eine arme Witwe, die zwei Pfennig einwarf. Da rief er seine Jünger und sagte: „Wahrhaftig, ich sage euch, diese arme Witwe hat mehr eingeworfen als alle anderen. Denn sie haben etwas von ihrem Überfluß in den Opferkasten geworfen. Sie aber hat in ihrer Armut alles gegeben, was sie zum Leben hatte." Lk 21, 1-4

Zwei Witwen: eine, die kämpft, die um ihr Recht kämpft und sich nicht wegschicken läßt, bis sie sich durchsetzt.
Und dann eine Witwe, die hingibt, die alles schenkt, was sie hat. Viele erwarten von Frauen selbstverständlich stets das Zweite, vielleicht auch von manchen Männern, vom Priester z.B., nämlich Hingabe statt Kampf um das Recht. Für Jesus hat beides seine Berechtigung: Kampf und Hingabe – je nachdem.

Besinnung
Wir wollen uns besinnen.
Wir denken an den ungerechten Richter. Ja, es gibt Ungerechtigkeit im Amt. Es gibt ungerechte Richter, Beamte, Angestellte, Priester.
Worin das Unrecht besteht? Z. B. darin, die Rechte anderer auf die lange Bank zu schieben, die Leute warten zu lassen – nicht immer, nein, aber dann, wenn jemand keine Lobby hat, keine Wählerstimme, nichts ist, nichts zahlt. – Worin das Unrecht im Amt besteht? Darin, daß wir Unterschiede machen: Wenn wir sogenannte kleine Leute – nicht nur auf dem Amt – nicht so wichtig nehmen.
Was die Witwe damals war, ist heute eine Sozialhilfeempfängerin, eine Ausländerin, ein Kind. Begegnen wir ihnen genauso respektvoll und bemüht wie dem Herrn Direktor, Professor oder der Geschäftsfrau?
Wann haben wir uns zuletzt für jemand besonders eingesetzt? Vielleicht sogar über unsere Amtspflicht hinaus? Sogar bei Vorgesetzten?
Unrecht kann auch sein, eine Bestimmung vorzuschieben, die man auch anders verstehen kann, oder wenn man die einfachen Leute in Unkenntnis läßt über ihre Rechte.
Wir denken an die Witwe. Für ein Recht kämpfen – für ein eigenes Lebens- oder Freiheitsrecht, für die Rechte anderer. Geben wir schnell auf?
Wir denken an die Witwe am Opferkasten. Sie hat alles gegeben, was sie zum Leben hatte. Oft sind es gerade Frauen, die das Letzte geben, die sich aufopfern. Kennen wir solche Frauen oder auch

Männer – nicht nur irgendwo, nein, in unserer Nähe? Wie denken wir darüber?
Halten wir ihre Hingabe, Aufopferung für Dummheit?
Oder meinen, es von ihnen fordern zu können?
Oder übersehen wir soviel Großzügigkeit?
Oder merken wir auf – und erkennen die Hingabe anderer an – sind vielleicht von der Großzügigkeit anderer beschämt – oder lassen uns davon anstecken?
Wie denken wir über die Hingabe anderer?
Und: Wie großzügig sind wir in dem, was wir geben?
Wann geben wir?
In welchem Geist geben wir?

Stille

Lied: Wer leben will, GL 183

4. Teil: Die liebevolle Sünderin

Lesung aus dem Evangelium nach Lukas
Ein Pharisäer lud Jesus ein, bei ihm zu essen. Er ging in das Haus des Pharisäers und setzte sich zu Tisch. Eine Frau, die in der Stadt als Dirne bekannt war, erfuhr, daß Jesus im Haus des Pharisäers zu Tisch war. Da brachte sie ein kostbares Alabastergefäß mit Parfum und trat weinend von hinten an Jesus heran. Ihre Tränen fielen auf seine Füße; da trocknete sie sie mit den Haaren ihres Hauptes, küßte seine Füße und salbte sie mit dem Parfum.
Als der Pharisäer, der Jesus geladen hatte, das sah, sagte er bei sich: „Wenn der ein Prophet wäre, müßte er doch wissen, was das für eine Frau ist, die ihn berührt; sie ist ja eine Dirne." – Jesus aber sagte zu ihm: „Ihr sind viele Sünden vergeben, denn sie hat viel geliebt." Und zu ihr sagte er: „Deine Sünden sind dir vergeben. Dein Glaube hat dich gerettet. Geh hin in Frieden!" Lk 7, 36-39. 47-50

Kurze Erläuterung
Es ist nicht leicht zu lieben!
Manche versuchen es gar nicht mehr. Sie ziehen sich zurück auf irgendwelche Positionen oder Posten in Selbstgerechtigkeit.
Eine Frau hat zu lieben versucht, versuchte es immer wieder. Fehlerhaft. Das macht sie angreifbar. Sie sucht jemanden, der ihren Liebeshunger stillt – und kommt zu Jesus. Und Jesus empört sich nicht, das sei ein peinliches Mißverständnis, er verteidigt ihre Liebe, ihre Zärtlichkeit. Sie hat viel geliebt. Ihre Liebe ist ihm mehr wert als die lieblose Unschuld des Pharisäers.

Besinnung
Wir wollen uns besinnen.
Wir denken an die Sünderin und fragen uns:
Wen lieben wir? Oder versuchen wir zu lieben?
Denken wir nicht nur an die Familie, sondern an die vielen, denen wir täglich begegnen. Lieben wir sie?
Natürlich geht es nicht um Anmache, selbstverständlich nicht.
Und natürlich: wer zärtlich, liebevoll ist, setzt sich Mißverständnissen aus, ist verletzbar, gilt vielleicht als schwach.
Trotzdem, wen lieben wir?
Unser Hunger nach Liebe ist groß. Haben wir durch unsere Fehler, unsere Ungeduld, mangelnde Rücksicht, durch Untreue andere verletzt? Sind wir bereit, es wie die Sünderin einzugestehen?
Um Entschuldigung zu bitten?
Oder rechtfertigen wir unsere Fehler auch noch?
Und wenn wir uns nichts vorzuwerfen hätten, liegt es vielleicht nur an unserer Härte? An der Unfähigkeit, zärtlich und liebevoll zu sein? An unserer Angst? An der Weigerung, uns verletzbar zu machen?
Suchen wir eine Ersatzbefriedigung in irgendeiner Position?
In Macht oder Sachen?
Wir wollen darüber nachdenken, ob wir überhaupt lieben...
wen wir lieben... wie wir lieben...

Wir denken an den Pharisäer.
Es ist nicht leicht zu lieben – auch für andere nicht. Wie urteilen wir über Menschen, deren Liebe in unseren Augen fehlerhaft ist – über Geschiedene, über Homosexuelle, über Prostituierte?

Wir schauen auf Jesus.
Sind wir bereit, für die einzutreten, die verurteilt werden – am Stammtisch, im Betrieb, in der Öffentlichkeit?

Stille

Lied: Dich liebt, o Gott.

5. Teil: Frauen beim Kreuz Jesu

Lesung aus dem Evangelium nach Johannes
Beim Kreuze Jesu stand seine Mutter und die Schwester seiner Mutter, Maria, die Frau des Kleopas und Maria von Magdala und der Jünger, den Jesus liebte. Jo 19, 25

Kurze Erläuterung
Beim Kreuz Jesu stehen Frauen. Die Männer sind weggelaufen, bis auf den einen, den die Bibel den Lieblingsjünger nennt: Johannes, der junge Mann mit den weiblichen Zügen. Sie standen in Treue zu Jesus – in Verfolgung, Leid, Erniedrigung und Tod.
Es ist bis heute nicht anders. Viele laufen weg, bleiben weg, wenn irgendwo Menschen leiden, wenn es in einer Ehe kriselt, wenn jemand Mißerfolg hat, wenn jemand in der Familie starb oder schwer krank ist. Aber es gibt Frauen und Männer, die zu Menschen stehen, die leiden oder verfolgt werden, die zu straffällig Gewordenen stehen. Manchmal sind es gerade nicht die mit den starken Sprüchen: Ein schwuler junger Mann hat seinen aidskranken Freund liebevoll gepflegt bis zum bitteren, furchtbaren Ende. Der Vater, ein harter Mann, hatte mit seinem Sohn nichts mehr zu tun haben wollen.

Besinnung
Wir wollen uns besinnen.
Wir schauen auf die Menschen beim Kreuze Jesu und fragen uns: wo sind wir, Frauen oder Männer, wenn andere leiden, wenn sie sterben?
Stehen Sie zu Ihren Kindern, auch wenn sie versagen?
Stehen wir in Treue zu anderen, auch wenn es anders kommt, als wir wünschten?
Wessen Leid tragen wir mit?
Wenn es uns zu schwer ist – vielleicht würde uns die Kraft geschenkt, wenn wir die Leidenden anschauen würden, Jesus anschauen würden, unsere eigene Schwäche eingestehen und um Gottes Hilfe bitten würden. Vielleicht.
Stille

Bekenntnis und Vergebungsbitte

Lesung aus dem Evangelium nach Johannes
Einmal brachten die Schriftgelehrten und Pharisäer eine Frau herbei, die beim Ehebruch ertappt worden war, stellten sie vor Jesus hin und sagten zu ihm: „Meister, diese Frau ist auf frischer Tat beim Ehebruch ertappt worden. Im Gesetz aber hat uns Mose geboten, eine solche Frau zu steinigen. Was sagst du nun?" Das sagten sie, um ihn zu versuchen, damit sie eine Anklage gegen ihn hätten. Jesus aber bückte sich nieder und schrieb mit dem Finger auf die Erde. Als sie jedoch hartnäckig weiterfragen, richtete er sich auf und sprach zu ihnen: „Wer von euch ohne Sünde ist, werfe den

ersten Stein auf sie." Dann bückte er sich wieder nieder und schrieb auf der Erde. Als sie das gehört hatten, gingen sie weg, einer nach dem anderen, angefangen von den Ältesten. Er blieb allein zurück und die Frau, die in der Mitte stand. Da richtete sich Jesus auf und sprach zu ihr: „Frau, wo sind sie? Hat keiner dich verurteilt?" Sie aber sprach: „Keiner, Herr!" Da sprach Jesus zu ihr: „Auch ich verurteile dich nicht. Geh und sündige von jetzt an nicht mehr!" Jo 8, 3-11

Kurze Erläuterung

Da wurde jemand ertappt – eine Frau, ein Mann, ein Priester vielleicht.

Wir haben ein Gesetz. Und nach dem Gesetz wird der andere, die andere verurteilt, fertiggemacht. Oder?

Einer ist nachdenklich. Langsam. Wer selbst im Glashaus sitzt, sollte nicht mit Steinen werfen.

Da fühlen sich auf einmal viele ertappt. Erkennen, bekennen: Wir sind nicht besser, wir sind ja auch nicht ohne Schuld.

Wir wollen uns ihnen zugesellen. Mit den Ältesten eingestehen: Wir alle haben versagt. Auf vielfältige Weise.

Bitte stehen Sie auf. Nach jedem Abschnitt sprechen wir gemeinsam: Vergib uns unsere Schuld, wie auch wir vergeben.

Schuldbekenntnis

Gott, manchmal sind wir unfrei wie die gekrümmte Frau, manchmal gedankenlos und hart, wie der Synagogenvorsteher. Die Nöte anderer rühren uns nicht an, wir vertrösten. Wir bitten:
Vergib uns unsere Schuld, wie auch wir vergeben.

Gott, manchmal sind wir viel beschäftigt wie Martha, flüchen in Aktivitäten und hören wenig auf dich und aufeinander. Wir bitten:
Vergib uns unsere Schuld, wie auch wir vergeben.

Gott, manchmal sind wir wie der ungerechte Richter. Wer nichts hat oder ist, gilt bei uns wenig. Manchmal fällt es uns schwer, um das Recht zu kämpfen, besonders um die Rechte anderer. Wir bitten:
Vergib uns unsere Schuld, wie auch wir vergeben.

Gott, die Hingabe der Witwe, die Hingabe irgendeines einfachen Menschen: wir übersehen sie, belächeln sie, schütteln den Kopf – so oft. Heute zeigt ihre Großzügigkeit uns unsere Enge und Härte. Wir bitten:
Vergib uns unsere Schuld, wie auch wir vergeben.

Gott, es ist nicht leicht zu lieben. So schnell geben wir auf, flüchten in lieblose Selbstgerechtigkeit, verurteilen andere. Und doch zählt bei dir allein die Liebe. Wir bitten:
Vergib uns unsere Schuld, wie auch wir vergeben.

Gott, es ist schwer, bei Menschen zu stehen, die leiden, zu Menschen zu stehen, die verurteilt sind. Wir haben Angst. Wir bitten dich:
Vergib uns unsere Schuld, wie auch wir vergeben.

Vater unser

Vergebungsbitte
Gott, als die Ehebrecherin vor Jesus stand, hat er gesagt: Hat niemand dich verurteilt? Dann verurteile auch ich dich nicht. Auch wir stehen mit unseren Sünden und Fehlern vor dir und vor den anderen. Wir wollen einander nicht verurteilen. So schenke auch du uns deine Vergebung.

Der gütige Gott erbarme sich unser, er lasse uns die Sünden nach und führe uns zu neuem Leben.

Nachlaß, Vergebung und Verzeihung unserer Sünden schenke uns der gütige und barmherzige Gott:
der Vater, der Sohn und der Heilige Geist.

Lied: Ich lobe meinen Gott

Verabschiedung
Unser Gottesdienst ist zu Ende. Ganz herzlich lade ich Sie ein zu den besonderen Gottesdiensten am Palmsonntag, Gründonnerstag, Karfreitag und in der Osternacht.
Am Ende des Gesprächs mit der Sünderin sagt Jesu zu ihr: Geh hin in Frieden. Mit diesem Gruß endet auch dieser Gottesdienst:

Gehet hin in Frieden!

Lied: O du hochheilig Kreuze

13 Da fragte er sie

*Versöhnungsfeier in der Fastenzeit**

Vorbereitungen:
Zum Mitgeben: eine Fragekarte, die am Ende des Gottesdienstes an alle Teilnehmer verteilt werden sollte. Auf der Vorderseite ist ein großes Fragezeichen, auf der Rückseite steht folgender Text:

?	*Da fragte ER:* *Wo bist du?* *Wo ist dein Bruder?* *Was hast du getan?* *Worüber habt ihr geredet?* *Könnt ihr den Kelch* *trinken?* *Warum habt ihr solche* *Angst?*

* Zu diesem Thema wurde ich angeregt durch das Buch von J. Bours, Da fragte Jesus ihn.

Übersicht

Lied: Vater von dem höchsten Thron

Einführung: Gottes Fragen an uns

Gebet

1. Frage: Wo bist du? (Frage nach uns selbst)
Lesung aus dem 1. Buch Mose
Besinnung
Lied: Sonne der Gerechtigkeit, GL 644, 1+2

2. Frage: Wo ist dein Bruder? (Frage nach den Nächsten)
Lesung aus dem 1. Buch Mose
Besinnung
Lied: Das Weizenkorn muß sterben, GL 620

3. Frage: Worüber habt ihr geredet? (Frage nach dem Reden)
Lesung aus dem Markusevangelium
Besinnung
Lied: Hilf, Herr meines Lebens, GL 622

4. Frage: Könnt ihr den Kelch trinken? (Frage nach dem Leid)
Lesung aus dem Markusevangelium
Besinnung
Lied: Wer nur den lieben Gott, GL 295, 1+2

5. Frage: Warum habt ihr solche Angst?
(Frage nach dem Gottvertrauen)
Lesung aus dem Markusevangelium
Besinnung
Lied: Wer unterm Schutz, GL 291

Bekenntnis und Vergebung:
Was soll ich dir tun?
Lesung aus dem Markusevangelium
Besinnung
Bekenntnis
Vater unser
Vergebungsbitte
Lied: Ich danke dir

Entlassung: Liebst du mich?
Segen
Orgelspiel

Gottesdienst

Lied: Vater, von dem höchsten Thron

Begrüßung und Einführung: Gott fragt
Seit vielen Jahren lese ich in der Bibel;
erst kürzlich ist mir aufgefallen:
Die Bibel steckt voller Fragen, Fragen Gottes und Fragen Jesu an die Menschen. Seltsam. Wenn man mich unvorbereitet gefragt hätte, hätte ich gesagt: Die Bibel gibt Antworten, Antworten Gottes, Antworten Jesu auf die Fragen der Menschen. Jetzt fielen mir die Fragen der Bibel auf.
Gott fragt z.B.: Wo bist du, Adam? Oder: Wo ist dein Bruder Abel?
Oder Jesus fragte den Judas: Wozu bist du bekommen?
Oder den Petrus: Liebst du mich?
Diese und ähnliche Fragen haben es in sich.
Es sind Fragen, die nachdenklich machen, die – weit über den aktuellen Anlaß hinaus – auch uns in Frage stellen können.
Gefragt werden – das kann unangenehm sein, wie bei Prüfungen. Fragen können uns auch bewußt machen, wo wir stehen. Sie können hilfreich sein. Kinder lernen durch Fragen. Der große griechische Philosoph Sokrates führte seine Schüler nur durch Fragen dahin, selbst zu wichtigen Erkenntnissen zu kommen. In solchem Geist bitte ich Sie, sich nicht gegen die Fragen Gottes zu wehren, sondern sie als eine Art Scheinwerfer zu nehmen, der besser erkennen läßt. Niemand erwartet eine laute Antwort, ein öffentliches persönliches Bekenntnis. Manche Fragen lassen sich sowieso nicht schnell beantworten: Es sind Lebensfragen, Fragen, die wir mitnehmen können in unser Leben und durch unser Leben beantworten. Als Hilfe dazu habe ich Karten drucken lassen, die Sie nachher zur Erinnerung mitnehmen können.

Gebet
Gott, du hast Menschen gefragt: Was hat du getan? Öffne unsere Augen, damit wir heute erkennen, was wir getan – und was wir gelassen haben. So bitten wir durch Christus, unsern Herrn.

1. Teil: Wo bist du?

Lesung aus dem 1. Buch Mose
Die Schlange sprach zu Eva: wenn ihr vom Baum der Erkenntnis eßt, dann gehen euch die Augen auf, ihr werdet wie Gott und erkennt Gut und Böse. Da nahm Eva von seinen Früchten und aß;

sie gab auch ihrem Mann, und auch er aß. Da gingen beiden die Augen auf, und sie erkannten, – daß sie nackt waren. Als sie Gott, den Herrn, wie in einem Windhauch im Garten hörten, versteckten sie sich. Aber Gott, der Herr, rief Adam zu: Wo bist du? Und zur Frau sprach er: Was hast du getan? aus: Gen 3, 5-13

Besinnung

Wo bist du, Adam? Was für eine Frage! Als ob Gott das nicht wüßte!
Es geht doch wohl darum: Was ist aus dir, Adam, geworden? Was hast du getan? Wohin bist du gekommen?
Wo bist du? So wollen wir uns jetzt fragen lassen.
Und die Frage zielt nicht auf die Antwort: Hier in der Kirche.
Wir wollen uns vielmehr fragen:
Wo bin ich gerade mit meinen Gedanken, mit meinem Herzen?
Sind Sie noch zu Hause? Im Betrieb? Ganz anderswo? – Kommen Sie! Fragen wir uns grundsätzlich:
Wo bin ich? Wo stehe ich auf meinem Lebensweg?
Wo ist mein Platz, meine Lebensaufgabe? Wo bin ich hingekommen?
Wo bich ich?
Ich las den Spruch: Wie oft will Gott zu uns kommen, aber wir sind nicht zu Hause.
Bin ich bei vielerlei Aktivitäten, aber selten bei mir selbst?
Wann nehme ich mir Zeit für mich, zum Nachdenken, Zeiten der Stille?
Und wenn ich etwas tue, wo bin ich bei dem, was ich tue?
Bei meiner Arbeit, bei dem, was ich sage?
Bin ich wirklich mit meinem Herzen dabei?
In der Begegnung mit Menschen:
Bin ich da, oder bin ich in meinen Gedanken woanders?
Maßlose Wünsche verführten Adam und Eva. Sie wollten sein wie Gott. Sie überschreiten ihre Grenzen – und erkennen, daß sie nackt sind. Vielleicht haben auch wir maßlose Wünsche, setzen uns hinweg über das, was richtig ist, wollen ganz groß werden – und erkennen am Ende unsere Blöße und Schwäche.
Da hilft kein Verstecken.
Wir wollen uns fragen nach unseren Wünschen.
Wo habe ich Grenzen überschritten?
Wohin bin ich dabei gekommen?
In einer kurzen Zeit der Stille bedenken wir Gottes Frage an uns:
Wo bist du?
Was hast du getan?

Stille, dann Orgelmusik

Lied: Sonne der Gerechtigkeit, GL 644, 1+2

2. Teil: Wo ist dein Bruder?

Lesung aus dem 1. Buch Mose
Abel war ein Schafhirt, Kain ein Ackerbauer.
Als sie auf dem Feld waren, stürzte Kain sich auf seinen Bruder Abel und erschlug ihn. Da sprach der Herr zu Kain: Wo ist dein Bruder Abel? Was hast du getan? Gen 4, 8-10

Besinnung
Wo ist dein Bruder Abel? Warum diese Frage, deren Antwort Gott und Kain doch bekannt ist? Was steckt dahinter?
Nun, Kain und Abel sind Vertreter unterschiedlicher, verfeindeter Kulturen. Kain ist seßhafter Ackerbauer, Abel umherziehender Hirt und Viehzüchter.
Ackerbauern wie Kain waren wohlhabend; umherziehende Hirten verarmten. Zwei Welten prallten tödlich aufeinander – und Gott macht Kain mit seiner Frage darauf aufmerksam: der andere, Fremde, der Arme, der dich stört, den du bekämpft hast, der ist dein Bruder.
Wer ist unser Bruder, unsere Schwester? Gewiß zunächst die Verwandten, Freunde und Mitarbeiter – wie geht es ihnen?
Aber Gottes Familie reicht weiter: Arbeitslose, Wohnungslose, Ausländer, Asylbewerber, gerade die Fremden aus einer anderen Kultur, wo sind sie? Irgendwo untergebracht? Gottes Frage macht darauf aufmerksam, daß sie alle Gottes Kinder sind – wie wir. Bin ich der Hüter meines Bruders? So fragt Kain, der Mörder. Bin *ich* dafür zuständig?, so fragen wir vielleicht.
Wenn in der Nachbarschaft jemand starb – sollen doch die Verwandten sich um die Witwe kümmern! Wenn da ein behindertes Kind, ein drogensüchtiger Jugendlicher, ein Alkoholiker ist – schauen wir weg?
Wo ist dein Bruder?
Wo sind dein Bruder, deine Schwester, die in der Dritten Welt?
Wir können aber doch nicht allen helfen! Das Geld reicht nicht, die Zeit, die Kraft reicht nicht für alle. So dachten schon die Jünger Jesu damals in der Wüste, als 5000 Menschen Jesus suchten und zuhörten und hungrig waren. Die Jünger wollten sie wegschicken, damit sie für sich selbst sorgen. Jesus aber fragte sie, warum sie nicht selbst anfangen: Wieviele Brote habt ihr?
Wir wollen uns ehrlich fragen: Wieviel haben wir?
Wieviele Lebensmittel?
Wieviel Kleidung?
Wieviel auf dem Sparbuch?

Wahrscheinlich haben wir mehr, als wir brauchen.
Wieviel sind wir bereit, in Jesu Hände zu geben und zu teilen?
Wir wollen uns in Stille fragen:
Wo ist unser Bruder? Wo ist unsere Schwester?
Wieviel haben wir?
Was haben wir getan?
Was haben wir unseren geringsten Brüdern und Schwester getan?

Stille, Orgelspiel

Lied: Das Weizenkorn, GL 620

3. Teil: Worüber habt ihr geredet?

Lesung aus dem Markusevangelium
Sie kamen nach Kafarnaum. Als Jesu im Haus war, fragte er sie: Worüber habt ihr unterwegs geredet? Sie schwiegen, denn sie hatten unterwegs darüber gestritten, wer von ihnen der Größte sei. Da setzte er sich, rief die Zwölf und sagte zu ihnen: Wer der Erste sein will, soll der Letzte von allen und Diener aller sein.

Mk 9, 33-35

Besinnung
Worüber habt ihr geredet? Wir wollen nachdenken über unser Reden.
Im Evangelium redeten die Jünger darüber, wer der Größte sei. Bis heute reden Menschen, um sich groß und wichtig zu machen, erzählen von sich und ihrer Bedeutung, ihren Erfolgen und Siegen, oft übertrieben.
Wir wollen darüber nachdenken, wann auch wir uns durch unser Reden wichtig machen.
Bei der Frage, wer der Größte sei, gab es Streit. Kein Wunder.
Wir wollen uns fragen: Mit wem habe ich Streit? Wen will ich kleinkriegen – in Familie, Betrieb, Verein?
Wer der Größte sein will, vergleicht sich mit anderen.
Wenn wir uns selbst für etwas Besseres halten, weil wir soviel arbeiten, weil wir es zu etwas gebracht haben im Beruf, die anderen aber versagten, können wir uns an die andere Frage Jesu erinnern: Was siehst du den Splitter im Auge deines Nächsten, den Balken im eigenen siehst du nicht? Wie sehen wir uns, wie die anderen? Mit welchen Augen?
Worüber habt ihr geredet? Über die Nachbarn? Über Kollegen? Über Minderheiten?

Wir wollen darüber nachdenken, wen wir durch unser Reden herabsetzen.
Worüber reden wir – und worüber schweigen wir?
Brecht schreibt: Was ist das für eine Zeit, in der das Reden über Bäume fast ein Verbrechen ist, weil es ein Schweigen über so viele Untaten bedeutet? Über Belanglosigkeiten reden – in der Familie, mit Freunden – aber den wichtigen Lebensfragen ausweichen, den Fragen nach Gerechtigkeit, nach unserem Vorteil aus der Armut anderer. Der Frage nach Frieden, nicht nach militärischem Sieg. Der Frage nach dem Schutz der Schöpfung und dem, was den Kindern wirklich Zukunft gibt.
Worüber machen wir uns Gedanken? Worüber haben wir geredet und worüber geschwiegen?

Stille, Orgelspiel

Lied: Hilf, Herr meines Lebens, GL 622

4. Teil: Könnt ihr den Kelch trinken?

Lesung aus dem Markusevangelium
Da kamen Jakobus und Johannes zu Jesus und sagten: Meister, wir möchten, daß du uns eine Bitte erfüllst. Er antwortete: Was soll ich für euch tun? Sie sagten: Laß in deinem Reich einen von uns rechts und den anderen links neben dir sitzen. Jesus erwiderte: Ihr wißt nicht, um was ihr bittet. Könnt ihr den Kelch trinken, den ich trinke? Ich bin nicht gekommen, um mich bedienen zu lassen, sondern um zu dienen und mein Leben hinzugeben für viele.

Mk 10,35-39.45

Besinnung
Könnt ihr den Kelch trinken? Welcher Kelch gemeint ist, das sagt Jesus am Ölberg: Vater, wenn es möglich ist, laß diesen Kelch an mir vorübergehen.
Es ist der Kelch des Leidens.
Auch an uns geht der Kelch des Leidens nicht vorüber, der Kelch der Enttäuschung, z.B. in einer Beziehung oder mit den Kindern oder weil die Freunde schlafen, weglaufen oder uns verleugnen, nicht einmal mehr kennen. Und dabei haben wir uns für sie eingesetzt! Die Gruppe BAP singt im Lied: „Verdammt lang her" darüber, wieviele Leute hinter einem herrennen, solange man Erfolg hat, aber in der Not kennt einen keiner mehr. Wie gehen wir mit solchen Enttäuschungen um?

Könnt ihr den Kelch des Leidens trinken?
Den Kelch der Krankheit – eigener Krankheit, Krankheit der nächsten Angehörigen? Natürlich dürfen wir beten: Vater, laß diesen Kelch an mir vorübergehen. Aber das Gebet geht weiter: Nicht mein Wille geschehe, sondern der deine.
Wenn uns Enttäuschung, Krankheit, Leid treffen, machen wir Gott Vorwürfe? Verkriechen wir uns in Bitterkeit? Oder schauen wir auf Jesus, der unsere Leiden teilte? Niemand kann im Voraus eine schnelle Antwort geben. Aber für die, die betroffen sind, kann das Leid zur Glaubensfrage werden.

Könnt ihr den Kelch trinken? Aus eigener Kraft kaum.
Könnt ihr den Kelch trinken, der mit dem Sitzen zur Rechten und Linken, der mit einem Amt, mit einer Aufgabe verbunden ist? Könnt ihr die Verantwortung tragen? Wenn es jemand mit einer verantwortungsvollen Position ernst nimmt, so versieht er sie als Dienst, als Hingabe, nicht zum eigenen Vorteil, um Geld, Macht, Ansehen zu haben.

Diejenigen von ihnen, die Verantwortung für andere haben, eine leitende Stellung z.B., möchte ich fragen: Wieviel kostet Sie Ihr Dienst? Jesus sagt: Ich bin nicht gekommen, mich bedienen zu lassen, sondern zu dienen und mein Leben hinzugeben für viele. Wir wollen uns fragen nach unserer Hingabe für andere.

Stille

Lied: Was Gott tut, GL 294
oder: Wer nur den lieben Gott, GL 295

5. Teil: Warum habt ihr solche Angst?

Lesung aus dem Evangelium nach Markus
Plötzlich erhob sich ein heftiger Sturm, und die Wellen schlugen ins Boot. Da schrien die Jünger: Herr, hilf uns, wir gehen unter! Da stand er auf und sagte zu ihnen: Warum habt ihr solche Angst? Habt ihr noch keinen Glauben? Mk 4, 37-40

Besinnung
Warum habt ihr solche Angst? Welch Angst?
Es gibt so viele Ängste in Menschen:
Angst vor dem Sterben
und Angst vor dem Leben,
Angst vor der Vergangenheit (Wenn das herauskommt!)

und Angst vor anderen (Was tun sie mir an?)
und Angst vor uns selbst, vor eigenem Versagen
(Das kann ich nicht!).

Angst vor der Einsamkeit (warum hast du mich verlassen?)
und Angst vor Gott, daß er einen straft,
Angst vor Krieg und Angst vor Krankheit.
Wovor hat jeder persönlich Angst?
Wovor haben Sie Angst?

Jesus fragt: Warum habt ihr solche Angst?
Habt ihr denn keinen Glauben?
Welchen Glauben? Glaube an die Zukunft?
An den Fortschritt? An die eigenen Kräfte?
An das Gute im Menschen?
All das kann enttäuscht werden.

Wer aber Gott glaubt, wer Jesus glaubt, wer ihm vertraut, der wird nicht untergehen. Und *wenn* er untergeht, wie Jesus am Kreuz, wenn er untergeht in Verachtung und Tod: Wer ihm vertraut, der wird auferstehen! Dem schenkt Gott Kraft, ein neues Leben, das durch nichts, durch keinen Menschen und nicht einmal durch den Tod zerstört werden kann.

Wir wollen nachdenken über unseren Glauben, unsere Beziehung zu Gott, unser Gebet, unser Gottvertrauen.
Und wir wollen bitten:
Herr, stärke unseren Glauben!
Stille

Lied: Wer unter Schutz, GL 291

Bekenntnis und Vergebung

Lesung aus dem Markusevangelium
Als Bartimäus hörte, daß Jesus vorüberging, rief er laut: Jesus, Sohn Davids, erbarme dich meiner! Jesus blieb stehen und sprach: Ruft ihn her! Sie riefen den Blinden und sagten zu ihm: Hab nur Mut, steh auf, er ruft dich. Da warf er seinen Mantel ab, sprang auf und lief auf Jesus zu. Und Jesus wandte sich ihm zu und fragte: Was soll ich dir tun? Der Blinde antwortete: Meister, ich möchte sehen! Mk 10,46-51

Als Adam und Eva sündigten, fragt Gott: Was hast du getan?
Als Kain seinen Bruder erschlug, hören wir wieder die Frage: Was hast du getan? Auch wir haben uns heute abend gefragt: Was hast du getan?
In mehreren Evangelien, auch dem von Bartimäus, dreht Jesus die Frage um: Was soll ich dir tun? So fragt er auch uns – und auch wir können ihn bitten, Herr, daß ich sehe! Daß du mir die Blindheit nimmst und die Schwäche vergibst. So wollen wir nun unsere Fehler bekennen und um Erbarmen bitten.
Nach den einzelnen Abschnitten sprechen der Lektor / die Lektorin und dann wir alle: Jesus, Sohn Davids, erbarme dich meiner!

Schuldbekenntnis

Gott, du fragst uns heute: Wo bist du? Wir sind schuldig geworden. Wir wollten groß sein – und sind schwach. Alles Verstecken hilft nichts. Darum rufen wir: Jesus, Sohn Davids, erbarme dich meiner!
Alle: Jesus, Sohn Davids, erbarme dich meiner!

Gott, du fragst uns: Wo ist dein Bruder?
So oft schauen wir weg. Bin ich denn der Hüter meines Bruders? Wir werden schuldig durch unser Tun oder durch mangelnde Hilfe. Wir wollen die anderen wegschicken, damit sie für sich selber sorgen. Du hast es anders gewollt. Darum rufen wir dir zu: Jesus, Sohn Davids, erbarme dich meiner!
Alle: Jesus, Sohn Davids, erbarme dich meiner!

Jesus, du fragst die Jünger: Worüber habt ihr geredet? Auch wir reden gern über uns, setzen andere durch unser Reden herab und schweigen lieber, wo wir anecken könnten. Mit Bartimäus rufen wir dich an: Jesus, Sohn Davids, erbarme dich meiner!
Alle: Jesus, Sohn Davids, erbarme dich meiner!

Jesus, du hast Jakobus und Johannes gefragt: Könnt ihr den Kelch des Leidens und der Hingabe trinken?
Wir wissen nicht, ob unsere Kräfte dazu reichen, eigenes Leid und das der anderen zu tragen. Darum bitten wir dich: Jesus, Sohn Davids, erbarme dich meiner!
Alle: Jesus, Sohn Davids, erbarme dich meiner!

Jesus, in stürmischen Zeiten fragst du deine Jünger: Warum habt ihr nur solche Angst? Habt ihr denn keinen Glauben? Wir kommen mit unseren Ängsten zu dir und rufen: Jesus, Sohn Davids, erbarme dich meiner!
Alle: Jesus, Sohn Davids, erbarme dich meiner!

Wir beten mit Jesu Worten:

Vater unser

Vergebungsbitte
Gott, dein Sohn Jesu hat gefragt, was soll ich dir tun?
Wir bitten mit Bartimäus: Herr, daß wir sehen!
Daß wir sehen, wo wir in die Irre gehen,
daß wir sehen, was wichtig ist,
daß wir unsere Schwestern und Brüdern mit deinen Augen sehen,
daß wir erkennen, daß Liebe glücklicher macht als Besitz,
daß wir glauben, daß Du uns nicht untergehen läßt.
Wir bitten dich um Vergebung und um die Kraft, uns immer wieder in Frage stellen zu lassen und neu zu beginnen.
Der gütige Gott erbarme sich unser, er lasse uns die Sünden nach und führe uns zu neuem Leben.
Nachlaß, Vergebung und Verzeihung unserer Sünden, schenke uns der gütige und barmherzige Gott: der Vater, der Sohn und der Heilige Geist.

Lied: Ich danke dir von Herzen, GL 179, 5

Entlassung
Liebst du mich?
Nach Ostern begegnete Jesus den Jüngern am See und stellt Petrus die Frage: Petrus, Sohn des Johannes, liebst du mich? Die schnelle Antwort des Petrus läßt Jesus ein zweites und drittes Mal fragen: Petrus, liebst du mich? Da spürt Petrus: Als Antwort reichen keine bloßen Worte, da geht es um Leben und Tod. Um seine Lebenshingabe und Zukunft.
Die Frage „Liebst du mich?" ist Jesu letzte Frage in den Evangelien. Wir wollen sie mit auf den Weg nehmen in unser Leben und uns immer wieder fragen:
Wen lieben wir? Nicht nur mit Worten.
Ist unser Leben von Liebe bestimmt?
Wir wollen darauf aufmerksam sein, wer nach unserer Liebe fragt.
Ich glaube, in den Menschen, die hungern, obdachlos, nackt, fremd, verurteilt und krank sind, fragt uns Jesus heute: Liebst du mich?
Herr, du weißt alles. Du weißt, wie schwach unsere Liebe ist.
Schenke uns deine Liebe, deinen Segen!

Segen

Verabschiedung

Orgelspiel